U0146703

数字劳动

自由与牢笼

佟 新——主编

中国工人出版社

探秘数字劳动

佟　新

数字化社会与数字劳动

在当代社会，任何人都无法否认的是，互联网在现实生活的作用与日俱增。截至 2021 年 1 月，世界范围内，互联网用户和社交媒体活跃用户为 46.6 亿人和 42 亿人。中国、美国、日本等 46 个国家 16—64 岁互联网用户平均每天使用社交媒体的时间为 2 小时 20 分钟；中国的这一数据为 2 小时 4 分钟。人类的社会生活和生计已经转入互联网空间中，社交媒体成为当代人日常生活和生计的基本环境，它创造和形成的大数据构造了新的数字化社会，社会正在发生数字化转向的巨变。

新冠肺炎疫情的暴发极大地冲击了全球经济，人们的工作与生活处于高度不确定之中。而中国的数字经济却逆势上升，深入地呈现在人们的日常生活中。一方面，人们高度依赖数字平台，生活习惯和生计模式向着数字化生活方式转型；另一方面，劳动和生计的数字化又与复杂的社会结构相联系。

有一份稳定的工作是工业社会人们获得生存和社会身份的重要途径。从标准就业向弹性就业的转变，可称作数字经济时代人们的就业与生计的基本模式。依靠数字平台建立的劳动模式皆可称为数字劳动，这一劳动具有了更多的弹性、更多的可能性和更复杂的对人们生活的影响。西方社会常常称这些劳动为零工经济，称其为非典型劳动的现代演化。本书主要是记录数字劳动的方式以及它与人们日常生活的联系，反思其带来的新的劳动关系、劳动伦理、劳动保障等问题，也思考这一时代的精神与情感世界。

数字劳动和数字化生活方式包括了人们在消费、娱乐、情感和社会关系等多个方面，社会正向以互联网技术为基础的、全网互联的方式转变。跟数字经济相关的工作越来越普遍，我们记录可能被视为理所当然，而不被看到的人和事。

非虚构写作和写作过程

这是本非虚构写作的书，对数字劳动的出现与发展的研究有多种途径，但是作为亲历者，我们更愿意以学术之心，用身边生动的故事完成对这一新型劳动变迁的记录、观察和思考，寻找现当代人们应对技术变迁带来的生计模式的变化及其变化中人们的能动性。在写作小组讨论的过程中，郑肯特别提到《纳文》一书的研究方法。我们所有的写作者都是对互联网时代人们的生活与工作感兴趣的人，作为这一时代的亲历者，我们怀着反思、愉悦和一点点的窥视之心与访谈者一起生活、讨论和阐释。

高丙中老师在《纳文》一书的"代译序"中说，"《纳文》别开生面地把人类学家的民族志写作过程当作描述的对象，只不过在文本的呈现方式上是把关于对象的描述与关于写作过程的描述熔铸在一起而已"①。本书的写作是作者们共同努力的结果，作者们身在平台经济的生活中，有着对其生活的洞察和反思。在疫情防控期间，我们经历了四次线上讨论，写作的轮廓越来越清晰。大家逐渐从一个惯于写论文的学术人，变成要把故事讲好的观察者、记录者和叙述者。因此，这在学术意义上是一种创新实践，在方法论上也期望将故事的叙述与写作过程的叙述贯穿在一起，呈现人们对身处于其中的个人生活的体验、感知和反思。有关"编者按"部分和作者介绍是主编的主体经验和存在意义的呈现，只是害怕画蛇添足，显得多余。

本书的结构

作为主编，期望展示互联网平台经济有关人们生计的方方面面。之所以用"生计"一词，是因为它代表着现实生活中人们有关工作的各种考量，特别是工作与家庭生活相关联的方式，如何让家庭成员的生活得以继续。在作者们的讨论过程中，我们越来

---

①　格雷戈里·贝特森.纳文——围绕一个新几内亚部落的一项仪式所展开的民族志实验[M].北京：商务印书馆，2017：16.

越清楚地看到，人们的日常生活处于平台经济之中，但我们对平台经济带给工作和生活的改变和意义的研究远远不够。本书分为五个部分。

第一部分关于日常生活，讲述了日常生活中的外卖骑手、网约车司机、在家女性的线上销售和家政工人的工作和生活。故事里的主人翁是普普通通的劳动者，但他们又是勤奋和能够吃苦耐劳的，他们用自己的时间和劳作联系起千家万户。这些工作与今天学术领域中广泛讨论的"零工"相类似。这些工作本身并不是现代工作，它是传统的，是一直延续在人们生活中的劳作，是维持人们生存的基本服务。互联网平台技术改变了连接劳动者和消费者之间的关系形态，资本隐退在平台后面，消费者成为监管者，消费者需求促使劳动者的劳动时间变得更紧迫，活动空间变得更广阔。这产生了新型的、以平台为代表的资本隐身在劳动者与消费者身后的复杂的劳动关系，这对劳动者和消费者的人性提出重要考验，关系到权益、伦理和社会关系的建设。

第二部分关于平台经济带来的服务经济在情感劳动中的拓展。人们对亲密关系、情感和性的渴望使线上交流成为消费品，以平台为中介创造出陌生人之间真实且有意义的私人互动的商品化，这表现为情感商品化正向深度和广度开拓。线上女主播、组织主播的公会以及虚拟恋人的故事，丰富了有关性别表演、性别关系和性别文化内含其中的情感劳动的类型；这些看似是性别表演的工作，借助建立、消费或消解性别、阶级与城市之间的文化差异而获得报酬，这其中的各类主体呈现出灵活的能动性，而这似乎也正成为情感劳动中劳动主体的重要策略。

第三部分讨论了平台经济中不断增长的知识付费和知识传播。在知识爆炸和全民终身学习的时代，平台有着推波助澜的作用。小到如何煮一碗汤，大到高深的天体物理知识，全都能够在互联网上学习到。通过在平台的经历和投身情感服务业展开服务的故事，可以窥见平台提供"问"与"答"的商业运作方式；平台上进行的情感咨询服务业则表达变迁时代人们的情感渴求。由此，现代生活不断凸显的自我，与网络中对自我与亲密关系中平等知识的建构契合在一起；快餐文化的应急性、分享情感和寻找共同体的努力成为知识付费经济的原始动力。

第四部分是对互联网时代创新的生活和工作的探讨——电竞业和"玩工作"的讨论。曾经是用于人们休息的游戏，现当代却成为令人紧张和充满竞争快乐的电子竞技业；团队游戏使团队合作变得日益专业化，出现了陪玩师。这是技术创造的新工作，产生了新的工作规则。特别是对年轻一代而言，工作和休闲、工作与竞技等的传统边界正在被打破。

第五部分的撰写让主编很纠结，毕竟是学者出身，免不了要进行一点理论分析。这是个大转型的时代，技术推动了资本、劳动力和国家政策的诸多变化。关于平台背后"挨踢（IT）民工"的劳动的讨论，是想揭示作为技术精英的程序员，他们在技术日新月异的时代经历着什么？巨大的不确定性是资本、技术精英、普通劳动者以及国家政策都将面对的挑战。不确定性成为平台经济最深刻的时代焦虑。以电商为例，分析电商发展的30年，资本、消费者、国家政策作为推手呈现出新型的劳动形式和劳动关系。最后，汇总近年来有关平台经济中的劳动研究，并讨论有关劳动异化与自由的主题。

从历史角度去看，每当一种新技术问世，都会出现关于这一新技术将会创造或带来一个新世界、新社会或新历史的话语。互联网技术的广泛使用创造着新的工作、新的生活方式和新的情感。但是，就人性而言，它又会新在何处呢？人类对良善的社会关系的渴望应是一直不变的。

本书的题目

作为本书的主编，身为北京大学社会学系教授，北京大学社会学系中国工人与劳动研究中心主任，多年来从事劳动社会学的教学工作，对劳动关系、劳动过程、劳动伦理、工人阶级、工会和集体行动等主题的研究非常熟悉。但是，面对日新月异的平台工作，对平台工作中发生的资本、劳动和消费之间关系的复杂变化，以及人们灵活就业或零工工作的特点等一系列现实问题，既感受到现实生动的气息，也感受到理论的苍白或囿于话语的缺失。所以甘于用记录的方法，叙述当今正在发生的故事。

用什么题目好呢？作者们有过深入的讨论和发散式的脑洞大开，原叫过《数字劳动：自由的牢笼》。后来经讨论认为，互联网平台带来的工作世界的变化并非过于悲观，在金融资本高度发展的过程中，共享经济的理念也在普及。于是，最终将本书定名为《数字劳动：自由与牢笼》。所谓"自由"，并非工业化时代的"从属"与"被控制"。德国学者乌尔里希·贝克（Ulrich Beck）用"不确定的自由"来理解现当代的现代性，传统的标准人生、职业阶梯、性别角色和社会形态等都日趋弱化甚至崩溃；标准化人生变成了选择性人生、自反性人生和自主人生。[①] 个体在有限资源的竞争中，为自身提供规范或指导方式，通过自身的行动过自己的人生。这份自由是为自己负责的自由，不是一次，而是日复一日。那么，有关未来的"不确定"就是这份"自由"要承担的代价。与工业社会的工作相比，选择的自由的确在一定程度上摆脱了流水线上由固化的劳动时间和劳动空间形成的劳动纪律和监管，但是，由资本选择的平台技术的监管无所不在，它超越时间和空间的边界，以原始的、简单化的"计件工资"就操控了看似自由的平台劳动者。从社会视角看，个体是有结构的，会形成"我们感"，在个体"不确定的自由"背后，确定的资本，特别是全球金融资本成妖式的增长，看不见的手支配着看不见的心。劳动者的回归是平台工作的每个人必须积极努力，必须在竞争中获胜以维护自身！那些勤劳的失败者呢？数字劳动呈现的商品化和异化的面相，可否通过平台经济中的共享理念来解放劳动者呢？巨大的财富积累可否推动消灭劳动中的异化？我们需要对平台经济和人工智能的发展做伦理评估。

展示数字劳动的故事，是为了在快速发展的过程中，留下这些劳动者的声音和学者们的思考。

---

① 乌尔里希·贝克，伊丽莎白·贝克－格恩斯海姆.个体化［M］.李荣山，范譞，张惠强译.北京：北京大学出版社，2011：1-5.

目　录

1

传统与现代：不可或缺的衣食行

方寸与帝国

——外卖骑手的生活生产世界

陈　龙[①]

编者按

　　我曾站在 M 平台总部的智能大屏幕前，感叹即时数据的神奇。在大屏上可以看到即时的全国外卖数据，每一个亮点都是活生生的外卖骑手，点开就可以知道他们的性别和名字。我请求观看前一天午夜 12:00 的数据，那时外卖的高峰在广州网易大厦附近。可以猜一猜，这是刚刚上班的人正要开始新的工作，还是加班的人将要结束一天的工作？《2020 外卖行业报告》的数据显示，2019 年中国餐饮市场规模达到 4.6 万亿元，其中外卖产业规模为 6535.7 亿元，相较于 2018 年，增长了 39.3%。外卖数量的强势增长带动了平台岗位的增加。而这些以亿为单位的数字背后是一个

---

　　① 陈龙，中国农业大学人文与发展学院副教授，他以自己近半年做骑手的经历为基础完成了博士论文《"数字治理"下的劳动秩序：平台经济劳动过程与资本控制研究》（2019 年），该论文获得了 2019 年北京大学优秀博士论文，后又获得 2021 年余天休社会学优秀博士论文奖。

个奔跑在路上、随时看着时间和地址的骑手们。

故事的主人公卫东是外卖众包骑手中的一员，也是二代"北漂"，他像千千万万个骑手一样，用自己日日夜夜的送餐满足着城市中每个角落的居民的基本生存——吃饱喝足。在忙碌中，他开始体谅到当年父母的拼搏和不易。

南平庄的烟与梦

昨夜，一场酣畅淋漓的大雨浇灭了京城积蓄了一月有余的燥热与烦闷，让那些每天在热浪滚滚中劳作的人们舒舒服服地睡了一个清凉觉。

太阳初升，一声鸡鸣唤醒了沉睡中的南平庄。

南平庄，一个坐落于北京市海淀区四季青镇的小村庄，始建于明代崇祯后期，至今已有近400年的历史。因地势南平北高，故取名南平庄。从20世纪90年代起，大量外来务工人员开始在此聚居生活，这里逐渐演变成为外来流动人口的聚集地。

巷子里、大街上逐渐开始热闹起来。烧饼店、煎饼果子铺、豆浆油条摊前络绎不绝地排起了长队。人们三下五除二地解决完早饭，便朝着村口外200米处的公交站竞相走去。三轮车、电动车在泥泞的路面生轧出一道又一道的泥褶子，像是对连日来的高温进行刻骨铭心的报复。在村口的防疫检查口，几个保安正煞有其事地给每一个进出村的人员量体温、检查防疫码，扩音喇叭里循环播放着"所有人戴口罩，扫码测温，拉开距离，谢谢配合"。

卫东住在南平庄南一处三层楼的顶层房间里，这个 10 平方米的屋子虽然不大，却完全属于他自己，有独立的卫生间，可以冲热水澡。这是卫东来北京两年换的第五个住所，也是他最满意的一个。"刚来北京那会儿，一个朋友也没有，只想着北京好，能挣钱，但来了以后才发现，北京也有够脏够乱的地方。不过，后来想想也是，要没这些地方，我们去哪儿住？我租的第一个地儿在太平村，离北京西站不远。自己屋里没有厕所，也不能洗澡，好几家住在一个院里，又挤又破，比我们乡下还差劲。"随着居住环境的改善，卫东每个月的房租也自然水涨船高，从 500 元涨到了 1700 元。

掀开窗帘，柔和的晨光照射进屋子。望着远处绿意盎然的野郊公园，卫东熟练地点起一根烟，一边恣意地吞云吐雾，一边不紧不慢地和我说，"每天起来我都靠着窗户抽根烟，看着公园里晨练的人，有老人，有小孩，还有跑步的人。我不认识他们，可我忍不住会想，他们每天的生活都是如何度过的"。"为什么要去想他们的生活是如何度过的？"我疑惑地问。"因为我和他们不是一类人，"卫东不假思索地回答道，"我梦想像他们一样生活。"说完，卫东轻吐了一口烟，缭绕的烟雾遮盖住了他脸上坚毅的神情。

卫东来自四川达州大竹县农村，今年 20 岁出头，是地道的"00 后"。但这并不是他第一次成为"北漂"。因为在他 3 岁的时候，他的父母便把他接到了北京。"那时候我爸妈都在北京打工，他们就把我接到了北京。我应该在北京待了 3 年，现在什么也不记得了，我爸妈说因为要上学，所以才把我送回老家。"至于这次为什么又来北京，卫东给出的理由也很简单："出来挣钱啊，我一早就不想上学了，反正也不是读书的料，不如出来赚钱，现在没钱不行，没钱让人看不起。"但卫东没有言明的是，他外出打工的真实原因其实是前女友的悔婚。在卫东的老家，与他同龄的人中已经有不少成家的，可由于拿不出 18.8 万元的彩礼，也无力在县城按揭房子和车子，他不得已与相恋两年多的女友分开。卫东后来跟我说："我们高一就认识了，高二我就不上学了，家里让我跟着学厨师，我那会一个月挣 2000 多元，都花在我们俩身上了，她比我大两岁，后来她也不上学了，我们就住在一起，她挺照顾我的。"

南平庄路边的外卖电动车

卫东的婚事最终还是因为彩礼黄了。为此，他和父母争吵过，一如在他成长过程中经常和父母发生过的激烈争吵一样。"我小的时候很恨他们，因为一年到头也见不到他们几次，我现在看着公园里那些有父母陪着的孩子，我就很羡慕，羡慕他们从小就有父母在身边……结婚那次可能是吵得最凶的一次，因为我想不明白，他们出去打了一辈子的工，怎么连那点钱都拿不出来。"最后，痛定思痛的卫东，决定自己出来打工挣钱。尽管父母也在北京，但这两年卫东却没有和他们主动联系过一次，父母打来电话，他会礼貌性地回应，却不好意思再见自己的父母。因为两年的打工时光似乎让他明白了一些道理，甚至让他对父母产生了愧疚。"打工真的不容易，我现在真的不恨他们了，也恨不起来，因为小时候不懂他们的艰辛，跟他们闹，现在想想，以前的自己真的做得不好。他们现在还在外面受苦，我让他们回去，他们不愿意，还说要给我攒钱盖房子。"

搓灭烟头，卫东转过身喊我去吃早饭。在村口煎饼果子铺，一人一个煎饼果子果腹后，卫东骑电动车载着我驶向新中关购物中心，那里是他每天劳作的地方。

众包骑手

"暑假是送餐淡季，周边几个学校都放假了，没有学生点餐，就靠这几个办公楼了，所以到中午之前，单子都不会太多。"由于暂时没有好的订单，卫东饶有兴致地开始向我介绍起他的工作。

卫东是 M 平台的一名众包骑手。"众包"（crowdsourcing）的概念由美国《连线》杂志记者杰夫·豪（Jeff Howe）在 2006 年 6 月提出。他对"众包"的定义是"一个公司或机构把过去由员工执行的工作任务，以自由自愿的形式外包给非特定的（而且通常是大型的）大众网络的做法"。放到外卖平台，众包说白了就是利用社会化的闲散力量去执行外卖配送任务。众包骑手与另一类骑手——专职骑手（又名团队骑手）——构成外卖平台骑手的主力。相比专职骑手，众包骑手存在以下几点不同：首先，众包骑手的工作时间更加自主灵活。骑手打开众包 App 后就可以送单，关闭 App 后就可以结束，不受任何公司或个人的强制管理。其次，众包骑手需要自主在 App 上抢单。一般而言，距离短、单价高、重量轻的订单会成为众包骑手竞相争抢的订单。由于订单统一出现在订单列表中，因此，抢订单全靠骑手的脑力和手速。再次，众包骑手的工资通常日结。众包骑手不像专职骑手那样按月领取工资，一般隔日提现。最后，众包骑手不存在日常管理问题，甚至不需要统一着装，因此经常有穿着 M 平台工作服的骑手送着 E 平台外卖的情况。

在新中关购物中心的一角，不多会儿的工夫就聚集了一群骑手。和卫东一样，他们也都是众包骑手。但他们有的穿着 M 平台的工作服，有的穿着 E 平台的工作服，还有的穿着便装，一样的是他们都用手举着手机，目不转睛地盯着手机屏幕，忙着刷单。因为众包骑手要自己抢单，所以就要不停地从订单列表中刷单，刷到好的订单立马下手抢。在和我闲聊的同时，卫东也在不紧不慢地盯着手机，正当我准备抛出下一个问题的时候，卫东却自顾自地站起身来，然后低下头对我说，"我有单了，我先去送，你在这儿等我一会儿"。

看着卫东匆匆远去的背影，我把目光转向了身边还在刷单的骑手。他们的年纪似乎都不大，稚嫩的脸庞早已被晒得黝黑、粗糙，看不出他们的实际年龄，我便问向身边的骑手，"你多大了？从哪里来？做骑手多久了？"他们知道我是和卫东一起来的，所以没有过多顾虑，就直接告诉了我。令人吃惊的是，他们当中好几个人虽然年纪不大，却已经为人父。M平台2018年的一份骑手群体报告显示，M平台骑手中"'80后''90后'居多，77%来自农村地区，而且已婚已育比例高达60%，其中有一胎的比例为31%，二胎及以上比例为29%"。毫无疑问，这些还在成长期的稚嫩的肩膀早已扛起"上有老，下有小"的家庭重担。

"你看这单，"身旁骑手的一句话吸引了我的注意力，"刚刚还剩24分钟的时候我就注意到它，我当时就没抢，因为我知道不会有人送，这么远的距离（5公里），才给4块钱，谁会去送？"身旁的骑手正在向另一个骑手吐槽，"你看还是这单，时间现在变成53分钟了，价格涨到了7块，我刚刚一看到它变，立马就抢了"。"订单信息还会变？"我不解地问道。"当然会了，你没人送它可不就要变。为啥没人送，肯定是不合理，要么价格不合理，要么距离不合理。"骑手解释道，"所以干我们这行，就得慢慢地把系统摸透了，虽然咱不了解它背后怎么发单、怎么定价、怎么算时间，但咱干的时间长了，慢慢就把经验攒出来了。它跟咱玩，咱也能跟它玩，就怕出个手贱的把单子抢了，好不好他都抢，那你还玩个屁。""所以人家说，不怕神一样的对手，就怕猪一样的队友！"我打趣地说道。"可不就是嘛，就怕猪队友！"骑手一边笑，一边向我竖起大拇指。但是，众包骑手实际上并不存在队友一说，众包骑手都是灵活自由的，他们今天在这里跑单，明天还可以到别处去，只不过因为对道路的熟稔需要时间的磨砺，所以很多人才逐渐稳定地待在一个地方，并在这过程中慢慢相熟，"认老乡"成为彼此相熟的有效途径。

这不，当一个骑手回应我说自己来自河北保定时，另一个骑手立马接话，"你是保定的？保定哪儿的？"

"明月店镇的，你呢？"被问的骑手反问道。

"那咱离得不远，我是开元的，"另一个骑手开心地继续说，"咱是老乡啊，以前怎么没见过你？跑了多久了？"

被问的骑手回答说，"刚跑，还没挣下点钱"。

另一个骑手立马说道，"现在都不挣钱，没以前好挣了，但是这片单子还算行，哪里找不到你问我，咱加个微信，这周末河北老乡聚会我拉上你，一起热闹热闹去"。

"好嘞，哥！"

听完对话，等我再抬起头时，身边的骑手其实已经所剩无几，想必都已经去送单了。

加入乐跑计划

两个月前，卫东加入了 M 平台的乐跑计划。据卫东讲，很多众包骑手都加入了乐跑计划。因为加入乐跑计划的众包骑手能拿到更多的订单，只不过订单的价格普遍不高，平均在四五块钱左右。但是，由于订单数量多，骑手一天可以跑七八十单，赚三四百元。乐跑计划是骑手所属配送公司为 M 平台众包优秀骑手推出、让骑手收入更有保障的优化项目。但跑过的骑手都知道，乐跑计划就是把没人跑的单子汇集到了一起。和普通众包不同，乐跑计划的订单不可以无故取消，如果骑手拒绝接单超过一定次数，就会失去优先派单的机会，战斗值也会被下调。那些早期加入乐跑计划的众包骑手，因为人数少、单子多，的确赚得盆满钵满，而那些后来再加入乐跑计划的众包骑手，实际没有从中捡到什么大便宜，因为加入的人多了，单子自然也少了。通过乐跑计划改名换姓以后，以前没人跑的单子现在人人抢着送，因为不送不行，即使单价比以前还低。

加入乐跑计划的骑手，实际成了介于专职骑手和众包骑手的新一类骑手，他们不完全具有以前众包骑手的自主灵活性，但也不像专职骑手那样需要服从日常管理。因为对于乐跑骑手来说，每天两个高峰期（午高峰和晚高峰）必须在线，也就是说一周28小时的高峰期必须在线。同时，一天最少在线8小时，一周需要在线48小时，一周可排休一天也可以不休，一天跑够30单才有全勤奖，不能拒单能转单，遇到不合理的单就申诉，跟站长或小队长申诉，有时要开个小会，每周保底要送150单。此外，还要保证完成98%的送单准时率、99%的接单率，不然会被扣掉一部分收入。吃得苦的、能赚到很多钱的都是大神，那些懒散、脾气大、喜欢抱怨的，还是别去乐跑计划。乐跑计划要求比较苛刻，但价格和单子比众包稳定是真的。

上午11:00，卫东送完一趟回来，虽然这趟送了3个订单，但在回来的路上他已经接到了系统给他的新订单。按卫东的说法，中午的用餐高峰要来了。由于加入乐跑计划，卫东在即将到来的午高峰必须蓄势待发，他不能拒绝系统的订单，而且要承受大量订单的配送压力。比较人性化的是，卫东告诉我："在乐跑计划里，我们可以给自己设定午高峰配送上限。像我，上限就是12单，意思就是说，系统一次性给我派单不能超过12单，我最多也就送这么多，等我送完这12单，系统可以再给我派单，但还是不能超过12单。""为什么是12单？"我问卫东。"因为太多我送不过来，以前跑15单总超时，一超时就扣钱，与其扣钱白跑，不如少跑一点，把钱赚到手。""超时扣多少钱？"我继续追问道。"就是扣你一单的钱，譬如这单7块钱，你超时了，就扣你7块钱。当然，事后你可以申诉，不过一般情况下申诉都不通过。"卫东告诉我。"为什么申诉不过？"我接着问。"谁知道，你打客服电话，客服更会跟你叽叽歪歪，最后反正就是不通过，还告诉你以后要少接点订单。"卫东气愤地说道。

改成12单以后，卫东的确很少超时。"必须得跑得很快，才能勉强不超时，"卫东最后还跟我说，"新手不建议跑乐跑。上次有个新来的，跑了3天就不跑了，因为一天才跑9单就超时了6单，赚的钱还不够罚的。"由于订单多，尤其是高峰期订单多，乐跑计划对众包骑手的要求比较高。一方面，骑手要对周边的地理位置非常熟悉，不论取餐还是送餐，跑起来才能游刃有余；另一方面，骑手要有很强的抗压能力，因为一头是不断增加的订单数量，另一头却是不断缩减的送餐时间，夹在中间的骑手需要足够沉稳专注，否则，稍有不慎就容易在送餐过程中出状况。以上两方面，无论哪方面都对新骑手提出了很高的要求，一般新来的骑手难以同时做到。

说话间，卫东已经一连接到 9 个订单。卫东的脸上同时浮现出兴奋与畏难的神情。兴奋的是，订单多，挣的钱也多；畏难的是，订单多，超时的风险也大。要想一个订单也不超时，他就得立马行动起来，一秒钟也不能浪费。"我去取餐了，中午饭你自己吃，我再回来估计下午了。"说完，卫东骑上他的电动车，很快消失在人流熙攘、车水马龙的街道里。

一波三折

炙热的空气烤灼着身处热浪中的人们。天气预报说，今日最高温为 39℃，但地表温度早已突破 42℃。蒸腾的热气拍打到人脸上，稍微一动就会止不住地流汗。可就是这样，整个新中关购物中心到处都是熙熙攘攘的人群，骑手更是一刻不停地四处奔跑。临近中午是用餐高峰期，此时已看不到气定神闲的骑手，他们要么匆忙地跑向餐厅，要么慌张地奔向顾客，他们流动的身影像树影般若隐若现，穿梭在来来往往的人群中。汗水浸湿了他们身上的衣服、臂上的冰袖以及头顶上的头盔，但不一会就被灼热的空气烤干。汗水在高温下析出白花花的盐，沿着脖颈儿撒满了每个骑手的后背。

卫东踩着扶梯一路小跑上二楼，兴许是太热，又兴许是太急，额头上的汗珠止不住地往下掉，在绿茶餐厅门口的外卖货架前早已聚集了不少骑手，他们上下翻找着自己的订单。卫东硬着头皮从后面挤到前面，快速搜索了一遍后没有找到自己的订单，不出意外是因为单子还没有出。卫东没有过多停留，便立马转身奔向五楼，心里同时默默祈祷着，希望港丽餐厅的订单已经放在货架上了。还没到港丽餐厅前台，卫东的两只眼睛就已经直勾勾地看向已经摆放在桌上的几份外卖，快速地扫视了一遍，看到了自己要送的外卖，眼睛才从绷紧的状态中略微松缓下来。港丽餐厅一下出了两份卫东要送的订单，这让卫东心情愉快，因为再没有什么比餐厅准时出餐更能让着急送餐的骑手高兴的了。回到二楼，绿茶餐厅的订单依旧没有出，现在卫东有两个选择，要么迅速去B1层取他今天的第四份订单，要么留在绿茶餐厅，等待绿茶餐厅随时可能出的订单。卫东稍做思考后，还是决定到B1层去。与其在一个地方无所事事地干等，他更愿意多受点累，毕竟拿到手的订单更让人安心。

　　B1层的犟牛家并不好找，卫东头一次到犟牛家取餐。尽管他有大致印象，但还是因为不熟跑错了方向。等他顺利折返回来以后，发现犟牛家的外卖还没有出。因为正值中午就餐时间，附近写字楼里的白领们也纷纷出来觅食，一时间顾客和外卖骑手挤满了餐厅的前台和入口，订单挤压比任何时段都严重。卫东趁人不注意，径直跑到了后厨，催促自己要送的订单。"干什么的！出去出去！"后厨的一个厨师冲卫东喊道。"我取餐，M平台的订单怎么还没出？"卫东心急地解释道。"上外面去等！"或许是因为见惯了类似卫东这样的行为，厨师没好气地撵卫东出去。卫东也没有好气，一边向外走，一边把怒气的"枪口"对向前台。的确，犟牛家今天出餐格外地慢，或许是因为生意太好，人声鼎沸的热闹场面早已掩盖了卫东形单影只的不满与抱怨。思来想去，卫东决定取消这单的配送，因为他盘算着还有 5 单要取，取消以后，他可以立马身无牵挂地回到绿茶餐厅。

不出所料，绿茶餐厅的订单已经在等他了。来来回回跑了三趟，卫东终于取到了这一单。拎着取到的 3 个订单，卫东一路小跑回到电动车停放处，然后把订单放进空荡荡的餐箱，抬腿跨上电动车，转动车钥匙，发动电动车，一溜烟儿地驶向了 e 世界，因为那里还有 3 个订单在等他去取。

时间是个冷漠的情人，让人忍不住觊觎又让人难免无奈。

骑手取餐的时间一般要控制在 20 分钟以内，无论多少个订单，只要 20 分钟以内能够取完所有订单，那超时的风险就不会很高。刚刚在新中关，卫东前前后后花了 15 分钟，不过凭他以往的经验，他有信心不超时，因为 e 世界的 3 个订单不需要上楼取餐，真正麻烦的其实是最后两个订单，因为都在鼎好大厦五楼，他得搭乘扶梯上去。鼎好大厦之所以让人犯难，是因为鼎好的电梯少得可怜。鼎好大厦 2—4 楼有好几家知名企业的办公地点，包括字节跳动、百度、新东方等，能容纳白领员工上万人，但同时运行的直梯一般只有两台，所以每到用餐高峰期，电梯总是满员，不论搭乘电梯上行还是下行都是一件费劲的事儿。更何况取餐地都在五楼，每次电梯都要在 2—4 楼滞留很长时间，消耗骑手大量时间，所以时间紧的骑手会转而从大厦 A 座搭扶梯一路小跑上去。

卫东的两单订单其中一单在铁锅牛肉，另一单在石锅拌饭；一个在北，一个在南。卫东看了眼手机显示的时间，放弃了搭乘直梯的想法，把车停在了南边 A 座的门外，他打算多跑两步乘扶梯上去，节约时间。可刚停下车，卫东就被不知道从哪里突然窜出来的保安吓了一跳。"这里不能停车！"保安喊道。卫东说道，"以前停这儿也没事啊。"保安立马说道，"以前是以前，现在不行了，你没看到这里都没有停电动车的？去那边停去！"保安一边说，一边手指马路对面的一片新画出来的停车区域。卫东没有和保安废话，一抬腿重新跨上电动车，赶在红绿灯变色之前，一溜烟儿地穿过了十字路口。回来时，卫东一路小跑横穿过了马路，借着扶梯的匀速上升，又一路小跑加速上到五楼。

一直等到取完最后两单，卫东看了看手机，最早拿到手的那单还有 6 分钟就要超时，他马不停蹄地跑下楼，横穿马路，跨上电动车，打了个转弯，极速消失在了路的尽头。整个过程一气呵成，没有丁点儿浪费时间。

如果说取餐已经足够一波三折，那么送餐的折腾才刚刚开始。

绕

再见卫东时，已经是下午两点。在此之前，我们相约在南城香碰头，因为那里有价格实惠的套餐每天供应给骑手。忙过高峰期，附近的骑手大多会到那里去填饱肚子。

卫东是有点气急败坏地坐到我旁边的凳子上的，他端着一碗饭放到自己面前，一边用力戳破套在筷子外面的塑料包装，一边气愤不已地跟我说，"系统有问题，乱派单，真是乱派单"。就在他挽袖子的瞬间，我注意到他的右手臂平白多了几道划痕，因为破损处已经凝结，所以没有血流下来，但可以看出是新伤。

卫东开始一边大口往肚子里塞饭，一边向我复述今天的送餐过程。

"第一趟还好，第二趟超时了 4 个，第三趟超时了 1 个，现在都在申诉，估计也过不了。"卫东紧接着说道，"M 平台现在的系统真不知道怎么回事，乱派单，你知道我第二趟拿了哪里的单子吗？我在 e 世界取了单子，又跑到美食城、光谷大厦取了单子，这就从西边跑到东边了吧，结果第一单要我送到西苑，我又从东边跑回到西边，第二单是去国际关系学院，这相当于要从西边跑到北边，第三单就直接给我干到清华东门了，我又从北边跑到东边，后面几单都在融聚大楼，我就又从东边跑回到南边来，你发现没有，我一趟跑下来，绕了一个大圈。我们送外卖不怕远，就怕它绕，因为它一绕，绕一圈下来很容易超时。系统现在怪就怪在，它给你绕。以前，系统给你的单子基本上都是一个方向的，要么都在东边要么都在北边，差不了太多；现在不是了，东南西北哪里都有单子，一趟下来基本上就是在地图上画了一个圈，要么就是来回折腾你，西边完了去东边，东边完了上北边，折腾得够呛。我们群里面现在都是骂系统绕的。"

"超时的几单怎么办？"我问。

"罚钱呗。不过，它最多罚你这单的运价，比如，运费是 4 块钱，它最多扣我 4 块钱。有的平台比较狠，你超时了它扣你，超得越多扣得越多，最后，你一单才挣 4 块钱，它能扣你 7 块钱，上次有个哥们儿一个月下来没挣钱还倒贴好几百块钱。"卫东说。

"那扣了的钱都去哪里了？"我又问道。

"那谁知道，要么平台拿了，要么让代理商收了。"卫东说。

"申诉是怎么回事？为什么通过不了？"我问。

"申诉就是超时之后，如果不是自己的原因，就可以申诉，取消罚款。比如我今天有 4 单申诉，都是因为其他原因超时。就拿国际关系学院的那单来说，在美食城取餐，餐出得很慢，我当时就给客服打电话，我说不行我不送这单了，但是人家很会说，你到都到了，就再等一等，说不定前脚走后脚就做出来了。那好那我等，但我说是你让我等的，超时我不管，要不你就再给我派一单美食城的。客服说派不了。后来，餐是做出来了，但是，耽误了我不少时间，而且，我在美食城就等了这一单。到国际关系学院的路上就快超时了，打电话给顾客也没人接，最后，等我到那儿就已经超时了，我给顾客解释了一通，一是客服不接电话，二是餐厅出餐慢。这单我就要申诉，看能不能找到之前那个客服，如果找不到，申诉八成过不去。你看，我这儿还有 3 个申诉，都是超时的，都没挣到钱。高峰期就是这样，单多，时间紧，意外情况还很多，你能想到融聚大楼今天电梯检修吗？只开了一半的电梯，电梯口全是等着坐电梯的人。"

"你的手臂怎么回事？"我问道。

"骑太快摔了一跤，没事。"卫东一边说，一边朝手臂看了一眼。

"听说推行国标车以后，你们电动车最多跑 15 公里 / 小时？"我问。

"说是那么说，实际怎么可能？15 公里 / 小时，那还怎么送餐？现在到处都能改装，你看吧，电动车显示的速度永远不会超过 15 公里 / 小时，但你的速度上 40 公里 / 小时都没问题，检查也不用怕，反正你的表上永远最多就是 15 公里 / 小时，再快也是 15 公里 / 小时。"

"真是上有政策，下有对策啊！"

"那没办法，出来就是为了挣钱，现在跑乐跑计划，单子多，还绕远，不跑快点儿怎么行。上次有记者想跟拍我送外卖，我说可以啊，你能跟上就行，我说我要送外卖，肯定顾不上你们。他们说没问题，让我跑我的，他们能跟上，结果没过 5 分钟，就给我打电话，问我到哪里去了，他们找不到我了。好多路他们都不熟，我们也不会总走大路，经常稍微逆行一段，或者闯个红灯，就把他们甩开了。但他们拍摄的不敢逆行，更不敢闯红灯，有些小路他们的车也进不去。"

"吃完饭还继续送吗？"我问。

"我今天报的晚高峰的班，5 点以后再出来跑。"卫东说。

"晚上一般跑到几点？"

"七八点吧，乐跑计划的话每天高峰期上线时间要在 4 个小时以上，我一般就是中午两个多小时，晚上再跑两个多小时，现在单子多，晚上多晚都有人下单，有时候跑到 10 点，回去以后也没事做，就是玩手机睡觉，还不如在外面多跑跑单。"

"现在有谈女朋友吗？"

"现在没有，不想谈了，我觉得自己还没有走出来，先挣钱吧，有钱什么都好说。以前着急结婚，因为身边的人都结婚了，现在想多看看，我觉得我还小呢。"

"那会感到孤单吗？"

"会，也不会。"

"为什么这么说？"

"因为每天也没个人说话，我在北京其实一个朋友都没有，但一想到我爸妈都在北京打工，我又不会感到孤独，他们有时候给我打电话，遇到什么事，心里也不会害怕。"

速度与贪婪

《2020 外卖行业报告》的数据显示，2019 年中国餐饮市场规模达到 4.6 万亿元，其中外卖产业规模为 6535.7 亿元，相较于 2018 年，增长 39.3%。外卖大盘的强势增长同样带动了平台岗位的增加。M 平台发布的《2020 年上半年骑手就业报告》显示：2020 年上半年，平台上有单骑手数达到 295.2 万人，相比 2019 年上半年增加 41.5 万人，同比增长 16.4%。即便在新冠肺炎疫情防控期间，M 平台骑手数量也不降反增：2020 年上半年新增有单骑手 138.6 万人。与就业人数屡创新高同样令人称奇的是，平台送餐平均时长不断下降，从 2015 年的 38 分钟下降到 2016 年的 31 分钟，并进一步缩短至 2017 年的 28 分钟。外卖市场接连利好的就业增长和不断推进的平台速度加速了平台在资本市场的高歌猛进。2020 年 10 月，M 平台总市值达 5162 亿港元，成为仅次于阿里巴巴和腾讯控股的中国第三大互联网公司。

可以说，支撑起 M 平台这个千亿市值庞大帝国的，恰恰是像卫东一样默默无闻的个体劳动者。虽然卫东只跑了两年，但他也明显地感觉到，送餐的时间越来越短，平台正在变得越来越强大，而骑手却变得越来越卑微。从 38 分钟缩短到 28 分钟，看似是技术创造的神话，实际是以骑手的"血与泪"为代价的。一波三折的取餐过程、"天南地北"的送餐经历，最终汇集成他们行走的万里长城，在地图上留下一段又一段难以磨灭的印记，那些印记代表着他们曾经付出的不懈努力，也代表着平台的发家历程。

毋庸置疑，头部平台无与伦比的市场地位是建立在卫东所代表的骑手不断创造的速度神话之上。因此，在惊讶于平台不断刷新速度奇观的同时，更为重要的是理解送餐时长为什么会不断压缩？以及为什么能不断压缩？有学者指出，骑手的劳动"意味着资本对于骑手的双重'套利'"[①]。一方面，骑手劳动本身是一种创造剩余价值的劳动过程。另一方面，从实体化的生产资料到数据化的生产资料正在成为平台经济扩张的重要动力，即数据正成为平台盈利的重要源动力。[②] 但是，平台不断催促骑手加快速度更为直接的原因在于，速度关系到资本增殖循环的速度。

① 孙萍."算法逻辑"下的数字劳动：一项对平台经济下外卖送餐员的研究 [J].思想战线,2020（6）：50-57.

② 陈龙，韩玥.责任自治与数字泰勒主义：外卖平台资本的双重管理策略研究 [J].清华社会学评论第 14 辑.北京：社会科学文献出版社,2020:63-92.

马克思在《资本论（第二卷）》中指出，资本是按照时间顺序通过生产领域和流通领域两个阶段完成运动的。但是，生产时间和流通时间是相互排斥的。"因为单就资本的最简单的循环来看，资本的流通时间会限制资本的生产时间，限制的程度取决于流通时间的长短。由于资本在流通时间内不执行生产资本的职能，因此既不生产商品，也不生产剩余价值。所以，资本在流通中的形态变化越仅仅是观念上的现象，也就是说，流通时间越等于零或接近零，资本的职能就越大，资本的生产效率就越高，它的自行增殖就越大。"①

对于资本来说，最理想的状态是将流通时间压缩到无限趋近于零。尽管流通时间不可能被压缩为零，但是这种由资本增殖的欲望带来的加速循环趋势不会改变。"资本按其本性来说，力求超越一切空间界限。因此，创造交换的物质条件——通信运输工具——对资本来说是极其必要的：用时间去消灭空间。"②换言之，"在以货币为中介的发达市场经济体系下，必须经过有效交换，才能获得以货币计量的商品价值；只有提高流通效率，才能使对象化商品及时置换成为货币……所以对企业而言，流通速度的竞争是盈利能力竞争的重要方面"③。

资本增殖循环的贪婪催促着骑手加快速度。商家只有尽快把

---

① 马克思.资本论（第二卷）[M].北京：人民出版社,2004.

② Chen J Y, Sun P. Temporal arbitrage, fragmented rush, and opportunistic behaviors: The labor politics of time in the platform economy. New Media & Society, 2020, 22（9）,1561–1579.

③ 蔡超.论数字平台的兴起与数据商品的生成 [J].消费经济,2020（6）:17–24.

商品交付给顾客，顾客才能尽快完成最终的交易，商品凝结在其中的剩余价值才能尽快兑现，资本才能被尽快投入下一轮的增殖循环中。"对于一般商品而言尚且如此，那么对于食物这样的特殊商品，流通时间越短越有利于商品价值的维护。"①

卫东能感受到送餐速度越来越快，时间越来越紧，但他把越来越短的时间和越来越快的速度与自己挣钱的目标合二为一。因为他知道只有自己越来越快，才能送得越来越多，最终才能挣得越来越多。他未曾想过的是，真正给他加压，让他不断提速的，恰恰是速度背后隐藏的资本增殖的贪婪——那个比他更加希望越来越快、越来越多的"从头到脚每一个毛孔都滴着血和肮脏的东西"。

被夸大的分成

2020 年 3 月，M 平台公布了 2019 年第四季度及全年业绩。数据显示，M 平台第四季度营收 281.6 亿元，同比增长 42.2%；净利润 14.6 亿元，实现同比扭亏。而 2019 年全年，营收为 975.3 亿元，同比增长 49.5%；净利润 22.4 亿元，实现同比扭亏。这是 M 平台成立 10 年来首次实现营利。数据还显示，第四季度，M 平台餐饮外卖在低线城市的交易额增幅达 45%。同时，餐饮外卖的销售成本由 2018 年的 329 亿元增长至 2019 年的 446 亿元。而订单

---

① 陈龙. 游戏、权力分配与技术：平台企业管理策略研究——以某外卖平台的骑手管理为例［J］. 中国人力资源开发，2020（4）:113-124.

量的增加也令餐饮外卖的骑手成本增加。

M平台财报显示，2019年有399万名骑手从M平台获得收入。仅骑手费用一项，M平台外卖总计支出就超过410亿元，而2019年全年M平台外卖佣金收入496亿元。也就是说，外卖骑手的工资就占了佣金的83%。因此，M平台对外官称，佣金收入的八成支付给了骑手。当卫东看到这条新闻的时候，不禁感到意外。M平台似乎在说，他们把绝大部分从商家赚到的佣金转移支付给了骑手，如果用十成收入作比，那也就是说，平台分得两成，而骑手分到了八成。卫东对此不以为然，"我才不相信平台会那么好心，把大头分给我们"。

众所周知，佣金收入只是M平台收入的一部分来源，M平台收入并不仅仅来源于此。做大外卖在线市场以后的广告收入、竞价排名、品牌价值才是M平台收入的主要来源。广告收入、竞价排名和品牌价值的主要对象是商家，而商家背后真正的买家是消费者。因此，广大消费者才是M平台收入的主要来源，M平台从消费者身上赚钱。但事实上，M平台也从劳动者身上赚钱，这里的劳动者就是像卫东一样的骑手。换言之，M平台还从自己雇的骑手身上赚钱。因此，如果说M平台把佣金的八成转移支付给了骑手，那么实际上它又通过各种途径把转移给骑手的佣金悄悄转移回自己，而这也是卫东对"二八分成"不以为然的真正原因。

如前所述，乐跑计划的真实目的是让骑手参与争抢距离远、价格低的订单。由于这些订单的存在，乐跑计划的骑手普遍发觉自己在绕圈，而系统派单十分混乱。从企业追求效率和平台强调速度的角度来说，乱派单或者让骑手绕圈的做法是违背企业效率的，但算法依然支配系统让骑手绕圈，出于何故？卫东的一句话似乎说明了一切。因为当我问他超时后被扣了的钱去哪里时，卫东回答说，"谁知道，要么平台拿了，要么让代理商收了"。如果我们再看一下乐跑计划的骑手每日的跑单量和申诉量，就不难发现，很少有骑手可以做到完全不超时，乐跑计划的骑手由于系统乱派单，绕圈送，一趟下来至少有三分之一的超时单需要申诉，而超时单意味着扣除配送费，换言之，骑手白白劳动一场。但是，消费者并没有因为超时拒绝支付配送费用，因此，这部分超时的配送费以扣款的形式被平台从骑手身上重新抽回，不论这笔钱是进了平台的腰包，还是和代理商分成，平台都没有真正把八成的佣金支付给骑手。

不仅如此，平台要求骑手定期购买装备，从头盔到餐箱再到工作服，骑手要想参加平台的奖励活动，除了需要在规定时间内出勤和跑单量达到一定要求以外，另一个重要前提就是必须购置新的装备，而且平台会以随时抽查的形式检查骑手是否按要求着装，这部分被计入骑手的服务值中，只有服务值达到要求，骑手才有资格参加奖励活动。包括卫东在内的众包骑手，每个人都至少有两三套装备，一套装备的完整价格为 300—400 元。两个月前加入乐跑计划时，平台又要求乐跑计划的骑手购置新装备，虽然是和他们之前同样的工作服、餐箱和头盔，但是乐跑计划的骑手必须重新购置，因为这是他们参加乐跑计划的前提条件。在 M 平台线上商城，琳琅满目的商品展现了另一个消费圣殿的景象，不仅有配送所需的装备，日常所需也应有尽有。除此以外，有骑手抱怨，跑众包的时候还可以隔日提现，如今加入乐跑，工资一个星期才可以提取一次，而且一个月只允许提取两次，这样一来，庞大的工资蓄水池也成了平台获取收益不可忽视的重要方式。考虑到 M 平台注册骑手数量已经达到 400 万，日活跃骑手 80 万，M 平台从骑手身上榨取的隐性收入同样不可小觑。

方向盘下的流动与生计：
网约车司机的生产和再生产

赵　磊[①]

编者按

现代社会，汽车作为代步工具非常普遍，花钱乘"出租车"也是司空见惯，但用手机来叫车对老年人而言是个挑战。"网约车"这个叫法非常准确，即人们在网上约好车，不用再在路边等待。但是打车的人是否想过，那几乎是随叫随到的车的司机是在哪里等待呢？他们开着车，在流动中等待业务；他们开着车，载着客人从一地到另一地，实现主客共同的生计。

阶层升迁的背后是买房子和养孩子的生计压力，这成为网约车司机李文武每天至少工作13个小时的主要动力。上路或在路上成为其必须的日常劳作，无论是困意、疲惫的身体，还是焦虑的内心，都无法阻止其上路的脚步。

[①] 赵磊，中国劳动关系学院劳动关系与人力资源学院讲师。她为了完成博士论文，在2021年夏天做了一名网约车司机，走近和了解了网约车司机的工作和生活，深刻地理解了"在路上"的意义。

最后的"挣扎"

"嘀嘀嘀嘀嘀嘀……"手机的闹铃将李文武从酣睡中唤醒。他下意识地赶紧关掉嗡嗡作响的闹铃，生怕吵醒熟睡中的妻子和还在襁褓之中的儿子。他调整了一下睡姿，做起床前的最后"挣扎"。腰部和肩颈的肌肉在翻身过程中酸胀作痛，这是日复一日久坐出来的毛病。一年前，睡觉还可以缓解疼痛，但现在已然无效。"啊！"他闭着眼睛、眉头紧锁，肌肉的酸痛感迫使他轻轻地叫出了声。"现在 5:00，再眯 10 分钟一定起"，李文武心中默念。他虽然知道按时起床可以让自己接下来的工作在时间安排上更从容，但他就是想贪婪地享受"回笼觉"带来的快乐和满足，即便只有 10 分钟也好。

一会儿，李文武从"回笼觉"中清醒过来，睁眼看了下手机，5:08。距离起床还有两分钟，他内心是欢愉的，虽然这两分钟已经无法再入睡了，但他仍坚持保留这最后两分钟的美好。他很困，但意念告诉他不能再睡了，不然可能会彻底耽误工作。他就这样平静地躺在床上，但体内的困意与理智、疲惫的身体与焦虑的内心却在激烈地斗争。他再次睁眼看表，5:09。"还有一分钟"，虽然此刻已全然清醒，但他依旧坚持 5:10 起床。这片刻的时间是他为自己争取的，哪怕仅留 1 分钟，他也要为自己保留。他知道只有这段时间属于自己，没有责任和义务，可以任性地这么躺着。只这么躺着，他就很心满意足了。

5:10，李文武虽然还想这么在床上"赖"着。但想到这个月还有需要偿还的房贷和车贷后，他挣扎着从床上爬了起来。纵然经过了一晚上的休整，但他还是感觉身体像是散架了一般。"哎，老了，身子骨不如之前那么耐造了。"1992年出生的李文武感知着自己做全职司机3年来的身体变化，"刚开始做全职的时候，一天跑15个小时，即使晚上回家累到不想说话，但是，睡一觉，第二天就可以满血复活。现在在线时长从15个小时降到了13个小时，但休息一晚上还是缓不过劲儿来，尤其是肩颈和腰部的肌肉，酸痛酸痛的"。他一边洗脸刷牙，一边回忆着身体的点滴变化。吐完最后一口漱口水，他看着镜子中的自己，年轻的面庞略显疲累。"加油！"他给自己打着气，"我是家里的顶梁柱，孩子、老婆、车子和房子需要靠我养。男人就是需要在外吃苦奋斗，赚钱养家。趁年轻多赚点钱，现在不奋斗什么时候奋斗？"

一番心理暗示过后，他狼吞虎咽地往肚子里面塞了点儿面包和牛奶，拎着一瓶1升装的脉动、一袋独立包装的饼干以及车钥匙出门了。在出门之前，他专程绕到卧室门口，依依不舍地看着熟睡中的妻子和孩子，眼中充满爱意。他好希望留下来陪陪他们，为妻子分担些家务，为儿子换尿布、喂奶粉。但他知道自己休息一天的成本是巨大的，不仅对还贷无助，而且无法平衡今天的生活开支。他想留下，但他不能。他是全家生活的希望，他们是他奋斗的动力。他内心挣扎着，带着对家庭的眷恋和责任出门了。

经营者与无酬劳动

5:25，李文武熟悉地打开门，将手中的饮料和饼干放在副驾位置后，看了一眼仪表盘，"还有 40 公里，充满估计得一个半小时。7:00 应该能上线接单"。他边盘算着时间，边开车前往距离他家最近的新能源充电站。李文武每天工作的起点是为车充电。一般情况下，充电站会因时间段不同而实行阶梯电价。每天的 0:00 至早晨 7:00 是电价最便宜的时间段。这段时间每度电的价格在 0.3 元至 0.8 元之间，而其他时间的电价在 0.8 元至 1.6 元之间。电价之所以在某个区间浮动，是因为各个充电站的促销活动不同，以及各个充电站和网约车平台之间的合作关系不同。前段时间李文武常光顾的这个充电站和 W 平台联合做促销活动，电价为 0.3 元 /度。低电价吸引了大批司机，李文武只好每天早晨 4:30 起床排队等充电位。一直以来，网约车平台将网约车司机视为"独立承包

充电站和 W 平台做促销活动时排队等候充电的司机和车辆

商"，并通过"服务合作协议""长期合作伙伴奖"等话语形塑网约车司机的意识。在网约车平台营造的这种话语体系下，网约车司机认可自己是需要自负盈亏的经营者，与网约车平台是合作关系。充电费用是每个网约车司机每天必须要承担的经营成本。"省下的就是赚下的"是他们经营的态度。所以，为节约成本，很多网约车司机会像李文武一样选择在最便宜的时间段和最便宜的充电站充电。这些司机的区别在于有人喜欢在收车之后充电，而有人喜欢在出车之前充电。

到达充电站后，李文武发现前面排了两辆车，于是慌忙打开 W 平台的车主 App，在"充电"中查看自己所在的充电站的电价和所有电桩的使用情况。这个充电站的界面显示，原定价为 0.89 元 / 度，活动价为 0.5 元 / 度，共计 24 个充电桩，其中有 5 个充电桩的充电量已经达到 96%。"原来又搞活动了，不过好在有 5 辆车马上就出来了"，李文武一边思考着，一边停好车，拉紧手刹。对于充电站搞的活动，李文武又爱又恨。一方面，低电价能降低经营成本。0.3 元 / 度电的时候，他的车充满电只需要不到 10 元钱，是不促销时候的三分之一。但另一方面，低电价会增加自己的时间成本。因为低电价会吸引大量"贪图便宜"的司机，导致充电桩供不应求，他不得不早起一个多小时排队等候充电。"还好，这次的活动没有那么便宜，所以来的司机也不如之前多，小等一会儿就有位置了"，李文武安慰着自己。

果真，5 分钟之后，充电站的保安指挥他前往空闲的充电桩。将车停放在狭小的停车位后，他小心翼翼地打开车门，生怕车门磕碰到旁边正在充电的车。下车后，他打开自己车的充电口，熟练地拔下充电桩上的充电枪插入车辆的充电口。在听到"啪"的一声后，他确信充电桩和车辆已经在物体层面连接完毕，便拿出自己的手机，打开 App 进入刚才充电桩的页面，扫码将充电桩和车辆在信息层面进行链接。链接完毕后，手机和车辆操作台上均会显示车辆当前电量的百分比以及剩余充电时间。李文武的车充满电可以跑 406 公里，但这并不足以支撑他完成一天的订单量，所以，他需要在吃午饭的时候补充半个小时的电量。

在给车充上电之后，李文武便像充电站内其他网约车司机一样开始打扫车内车外的卫生。除充电外，清洗车辆是网约车司机每天必须完成的一项无酬劳动。车内外是否干净、整洁和无异味会直接影响乘客对司机的评价，进而间接影响司机的订单量和收入。在 W 平台的服务标准中，有一项指标为"车内车外干净卫生"。乘客可以就这项标准进行评价。如果乘客在乘车时发现车内外不干净、车内有异味，可以对司机的服务进行差评或者投诉，这将直接影响网约车司机的"口碑值"，进而影响平台给司机的派单量和司机的收入。

李文武从车后备箱拿出一个便携式水桶和两块毛巾，并从充电站的休息室打了一桶水，开始擦洗车内外。他从车内开始打扫，先把早晨从家拿来的饮料放在驾驶座位旁边的杯子插口，然后将饼干放在杯座旁边的扶手箱内，并将昨天喝完的脉动瓶子放在驾驶位下方以备不时之需。紧接着，他开始用车内专用抹布擦抹着车内的座椅、车框、玻璃，并将后座的脚垫拿出来，掸去乘客留下的杂物和灰尘。最后，他在将车内垃圾筐①中乘客丢弃的垃圾倒掉之后，开始清洗车辆外身。

充电时清洗车辆的李文武

此时，他旁边的车充满电开走了。我在充电站保安的指挥下，将车开到了他旁边。"今天来晚了啊？"李文武看到我，站起身指挥我停靠车位。"是啊，起晚了，我昨天开了 11 个小时，累散架了。""理解，别说是你个女娃娃，我每天也是这个样子的。"说话间，他打开车辆充电口的盖子，帮我插上了十几斤重的充电枪。

我的研究方向为互联网平台与非标准雇佣。和李文武的相识源自两年前我的一次打车经历。2019 年 8 月，我暑假放假回家，在高铁还未到站时便通过 W 平台的 App 约到了一辆网约车，司机就是李文武。他当时打电话与我沟通我们彼此所处的位置。在得知我还未下车后，李文武告诉我自己已经在高铁站的网约车乘客

① 李文武在网上购买的车载垃圾桶，专门为乘客提供扔垃圾的地方。一方面能够保持车内的干净和整洁，减少自己日常维护车辆卫生的工作量；另一方面，这种装备可以给乘客良好的乘车体验，从而推动乘客为自己的服务做出好评。

上车点等候了，并准确地告诉我下车之后的行走路线。我按照他的指引顺利地找到了他。当看到他已在车外专门等候时，我还是有点意外。他礼貌地向我确认手机尾号，帮我安置行李，并为我打开车门。这一套服务是我在北京未能体会到的。"一个私家车车主竟然愿意并且能够做到如此专业的服务！？"带着惊讶和疑问，我通过后视镜认真地打量着李文武。

他 30 岁出头，微胖，肚子在安全带的捆绑下突显出了三个小"山丘"，肉肉的国字脸上细长的单眼皮眯成了一道缝，浓密的剑字眉使脸庞看起来很英武。"您的服务真好！刚才让您久等了。"由衷的赞美使我打开了他的话匣子。"我是专业的呀，前两天刚考完'人证'①。这要是明天，您坐的就是新车啦！""恭喜呀！但您这个车看着还挺新，为什么要换车呢？""我也不想换，但政府要求从事网约车营运工作，必须要持证上岗，除了人要有'人证'，车还要有'车证'②。如果不办这两个证，一是 W 平台以后可能就不给派单了，二是被政府查到就会按黑车处罚。现在只有新能源车才能办'车证'，这不，我前段时间花了 16.3 万买了一辆'合规车'③。"

现实中网约车司机为了跑车而专门考"人证"并投资买车的行为与理论中网约车司机利用闲置资源兼职从事网约车工作赚取额外收入的论述形成巨大反差。"您投资那么多钱能赚回来吗？"

---

① 《网络预约出租汽车驾驶员证》。
② 《网络预约出租汽车运输证》。
③ 获取了"车证"的车辆。

我更加好奇地追问道。"能！我首付5万块，剩下的钱3年还清，每个月只还款3500元。我一天跑13个小时，流水600元左右，一个月30天，你算算我一个月赚多少钱，这还能赚不回来？"一边听李文武解释，我一边在心里帮他算着这本账。确实啊，扣除车贷，他一个月还能赚1万多呢。"那每个月您不休息吗？"我想进一步确认他是否能赚这么多钱。"我休息平台也不会管，但除了家里有事外，我一般也不会休息。因为休息不仅没钱赚而且欠银行的钱也没法还。你说现在干什么不需要花钱，一大家子吃喝拉撒需要钱，养孩子需要钱，还房贷、车贷需要钱，我这哪有资格休息？"聊天之际，我到达了目的地，李文武帮我从后备箱搬下行李箱交到我手上，并说："您方便的时候对我的服务做个评价，这对我来说很重要。"我当时一边帮他点赞，一边向他介绍了自己博士论文的研究内容并在征得他的同意后添加了他的微信，以便做进一步的研究。就这样，他就成为我研究网约车司机的介绍人。在得知我租了一辆车开始体验网约车司机的工作后，他很激动，因为他并没有想到我这么高学历的人竟然愿意做这个，便经常尽其所能地帮助我。

这个充电站就是他给我推荐的，离我家也不远而且经常可以在充电的时候遇到他。我也拿出车内的布子，边擦车，边和他聊天。"你夏天跑车不受罪，这要是冬天，光擦车就得把你冻死。每年冬天是我最难挨的时候。早晨一上车，寒气刺骨，方向盘冷得就像是冰棍儿。这还不算啥，最痛苦的事情就是洗车。不洗不行，你也知道咱这环境质量，一天跑下来车上到处都是灰。但洗车费手啊，你想想，外面刮着刺骨的寒风，我得在冰水中清洗抹布，湿手握着立马结冰变硬的抹布擦这铁疙瘩……"李文武痛苦的表情将我带入他所经历过的一个个寒冷的早晨。

"冬天开车也很受罪。开空调特别费电，现在一天充两个小时够跑一天，但一到冬天，电池本身的容电量就没有夏天高，但凡开空调，充电时间怎么着也得在 4 个小时以上，这一里一外的成本是多少你算算。所以开空调就是和钱过不去呀。""那你怎么办呢？其他人不这样吧。"我觉得可能是李文武自己节省惯了，所以不舍得开空调。"不不不，群里很多司机都是这样的。我们就多穿点死扛。实在冷得不行了，或者乘客要求开空调的时候我们才开了暖和一下，但让自己暖和起来就会关掉。你知道群里的 972（网约车司机的微信群里很多人都用车牌号称呼彼此）吧？那老家伙的新能源车充满电才能跑 276 公里，冬天穿两条棉裤，外面盖着军大衣，天天在群里喊冷，但就是不开空调。一开空调基本上就是给充电站和平台打工了，根本赚不到钱。"

网约车平台企业通过数字技术实现了对平台上的"有效"劳动和其他劳动之间的精准切割。所谓的"有效"劳动就是司机将乘客从出发点送往目的地过程中的劳动。网约车平台按照行驶里程和时间向乘客收取费用，并按比例与网约车司机分成。因为这部分劳动直接为 W 平台创造利润、为司机带来收入，所以，被平台和司机认定为"有效"劳动。而其他劳动包括充电、清洗车辆、寻找订单以及从司机接单时刻的位置行驶至乘客的上车地点等，都被平台视为其他劳动，平台和乘客不需要因此向司机支付任何费用。从网约车司机角度来看，他们是按照工作结果赚取费用的经营者，他们将充电、洗车、搜寻乘客甚至去接乘客等无酬劳动视作为了赚取乘客支付的乘车费用而做的投入，目的是获取连续不断的"有效"劳动以及高收入。按李文武的话来说就是"舍不得孩子套不住狼"。但是，当他们认为自己的投入大于收入时，内心就会失衡，对乘客和平台就会有抱怨、抵抗甚至是"用脚投票"，彻底退出平台或者是网约车行业。

做个"会跑"的司机

打扫完车之后，距离充满电还有 20 分钟。李文武打开 W 平台的司机端 App 查看平台推送的当天的"司机日报"。W 平台会在早晨 7:00 之前为司机推送"司机日报"，内容包括今日的天气状况、昨日的工作总结（完成的订单量、订单流水以及奖励流水）、W 平台的规则课堂、今日的奖励活动和出车小贴士（今日高峰期的时间段）。

"司机日报"就像工作总结和计划一样指导着网约车司机的工作。李文武告诉我，"司机日报"是他每天出车前必定会看的内容。"昨日工作总结"让他在开始工作之前知道昨天的工作量。如果昨天跑得好，这就是一个积极的信号，让他再接再厉；但是如果昨天休息了或者没有好好跑，这个总结就成为一个负向激励的信号，暗示他昨天没好好工作，今天一定要补回来。在回顾完昨天的工作情况后，他接下来查看的就是"今日的奖励活动"。他告诉我，查看奖励活动特别重要，因为他会通过平台提供的奖励活动来规划自己今天的工作安排。最后，他会查看下"司机日报"中推送的平台规则。

"司机日报"中推送的平台规则是 W 平台在收集网约车司机的行为数据并经过数据分析处理后，针对网约车司机行为中存在的问题定向为司机推送的规则。因此，每个司机收到的平台规则是不一样的。

李文武在浏览完自己的"司机日报"后，向我强调一定要养成每天出车前看"司机日报"的习惯。"跑车得会跑才行，这样才能赚到钱。平台给你奖励的时间段就是平台期望你工作的时间段。看了'司机日报'你就知道什么时候工作，什么时候休息了。你需要把自己的工作和休息时间调试到奖励时间段内。这样一方面你能轻松地多赚钱，另一方面你通过你的流动数据投喂'算法'，让系统知道你是一个听话的司机，它就会给你派好的单子，这样你赚的钱就比较多。"我听话地打开自己的 App，查看自己的"司机日报"。他凑过来指点我，"你看，你昨天跑的就可以呀，11 个小时跑了 27 个订单，赚了 338 元，每小时 30 多元，挺好的，很多男司机跑的都不如你"。听到"老司机"的表扬，我内心美滋滋的。"你点这里就是看奖励的地方，你看，你今天有三个'限时完单奖'[①]，你现在要把这些奖都领取了，领了你才有资格参加奖励活动。对了，告诉你一个完成这类奖励的技巧。在奖励时间段快开

[①] "限时完单奖"就是网约车司机在平台限定的某个时间段内（如早晨 7:00 至 9:00）完成平台要求的单数（如 8 单），便可获得平台的额外奖励（如 21 元）。

始前的 15 分钟如果没有订单就把系统关了，这样你在奖励时间段上线，系统派进来的订单就会算作奖励的订单数量。不然你在奖励时间段前接了系统的派单，不仅不算在奖励的订单量之内，而且还会占用你奖励时间段内的时间。"我深以为然，因为我昨天就经历过类似的事情，奖励前接了一个订单，这个订单因为道路拥堵而占用了我半个多小时的奖励时间。当然，那个奖励任务也因为到奖励的截止时间点还差一单而没能完成。

紧接着，我看到平台给我推送的规则是"行车中禁止分心驾驶"，而李文武被推送的规则为"安全带即为生命带"。我反思了一下自己最近的驾车行为，确实，我前两天因为在行车过程中频繁切换软件而被平台以"分心驾驶"为由处罚过。当时，我在送乘客的路上突然发现仪表盘上胎压显示不正常，并且胎压一直在下降。我有点慌乱，在行驶过程中将系统软件切换至微信，在司机群里问其他司机如何解决，平台系统在监测到我存在这样的违规行为后，不仅第一时间语音提示我在行车过程中切勿分心驾驶，而且在订单完成后弹出"分心驾驶"记过处罚一次的惩罚提示。现在，我又在"司机日报"中再次收到平台关于"分心驾驶"的规则。李文武收到"安全带即为生命带"的规则推送，也是因为他最近总是忘记提醒乘客系安全带。

6:56，李文武的司机端 App 弹出充电已经结束的通知。"快7:00 了，我得上线了"，他边说边走到车旁，拔下充电枪并插在充电桩上。我帮他关闭车辆的充电口，看着他走上车，系好安全带，然后打开软件点击"开始接单"，并按照系统提示拍摄并上传了疫情防控期间戴口罩的照片以及进行人脸对比验证。在完成上述步骤后，系统自动跳转到接单的主页面，进入在线等单模式。

"'会跑'很重要，关系着你能不能赚到钱，而'会不会跑'则需要你掌握很多跑车的技巧、平台的规则以及沟通的技巧，这包含很多内容，并不是你原来想的开个车跑就行了那么简单。不然为什么同样的时间，有的司机一个小时赚 50 元，而你只能赚 30 元？"我的车还没有充好电，所以在他的车旁边一边陪他等单，一边继续和他聊着天。没两分钟后，"嘀，您有一个新的订单，请前往和平小区接乘客"。这是李文武最爱听到的声音，因为来活儿了。"唉，一大早来个'屁单'，我先不跟你说了，有问题咱们群里聊哈！"他边发动车，边和我道别。"好嘞，你开车注意安全。"我和他挥挥手，目送他的车远去。

从网约车司机角度而言，他们评判订单质量好坏的标准是看无酬劳动的距离，即从司机接单时刻的位置行驶至乘客的上车地点的距离，和有酬劳动的距离之比。李文武嘴里的'屁单'就是指有酬劳动的距离很短而无酬劳动的距离很长的订单，也就是说这种订单的性价比最低。所有司机都不愿意接这种"屁单"，因为既赚不了钱，又浪费时间。但是，他们又不得不接这种订单，因为网约车司机一旦拒接订单，就会被平台处罚，进而失去接更多订单的机会。不拒单也是"会跑"司机的表现，接"屁单"的目的就是让系统少派"屁单"。当然，网约车司机为了排解接"屁单"过程中的烦闷情绪，会在司机群里吐槽。

李文武说的群是一个拥有近 500 名网约车司机的微信群"找

点乐"。2019 年 10 月，在我们刚认识没多久后，李文武便邀请我
进入了这个司机微信群。我刚进群的时候，群成员数为 341 人，
但此时已壮大为 500 人。群内大部分司机都在 W 平台上运营，并
且我发现越来越多的人从我刚入群时的兼职司机转换为全职司机。
为了避免分心驾驶被 W 平台处罚，绝大多数的全职网约车司机都
会使用两部（或以上）手机，一部手机专门用来接 W 平台的订
单，其他手机用来微信聊天、接其他平台的订单。网约车司机们

每天在群里晒着他们的"大
单"和"屁单"，分享着流
动过程中的喜怒哀乐、路面
交通状况、流水状况和跑车
心得等。在做网约车司机之
前，我是他们忠实的听众，
默默地观察着他们在群里的
活动。当自己也成为一名网
约车司机后，我在群备注名
上增加了我的车牌号，并参
与其中，向他们讨教跑车过
程中遇到的问题。

群里成员张哥的工作环境

劳动过程与司乘矛盾

7:10，我也收到了系统推送的充电已满的消息。经过和李文武

同样的动作和流程后，我也开始了一天的线上工作。在等单之际，我在群里听到李文武吐槽："伙计们，出车啦！刚接了个'屁单'，7块钱的路程我要开2.5公里接乘客！出师不利啊！"李文武用接单以外的另一个手机边在群里和其他司机聊着天，边开车前往乘客的上车地点。

在到达乘客的上车地点后，系统自动跳转到等待乘客上车的界面。他打电话告知乘客自己已经到达了上车地点，但乘客希望李文武进小区并在单元门口等他。李文武口头答应了乘客的要求，却很生气地在群里破口大骂："这乘客懒死了，在家里叫车就算了，还让我等。我等他也就算了，还让在单元门口等，车要是能上楼他是不是还想让我在家门口等呢？我这一个小时就伺候他了，他自己花了多少钱心里没点数吗？"

司乘矛盾的核心就在于此。乘客希望花最少的钱，用最快的时间打到车，并走最少的路，享受又快又好的乘车体验。网约车司机却希望用最少的时间完成订单并赚更多的钱。但作为"中间人"的W平台，为了保持甚至进一步扩大市场份额，总会制定约束网约车司机行为的平台规则来迎合消费者的需求。后来，李文武在回忆这个订单时说道："平台经常教育我们，乘客是上帝，我们是服务上帝的人，我们不能对乘客提出的任何要求说'不'，否则一旦被乘客投诉就会被平台处罚，然后连'屁单'都没有了。那一单，我在高峰期用了将近一个小时赚了7块钱。当时打他的冲动都有了，但不能表现出来，也不能有抱怨，只能微笑地服务他，不然可能会被投诉。"

李文武在接到乘客后，抑制住了自己的负面情绪，礼貌地向乘客问好。"您好，是尾号8342的乘客吗？为了保障你的出行安全，请您系一下安全带。我们按导航行驶吗？"这套话术是平台的指定欢迎话术。当然，他也是因为此前没有要求乘客系安全带，被平台抽检车内录音录像后，在"司机日报"中推送了相应的平台规则。在乘客确认根据导航行驶后，李文武滑动手机屏幕确认乘客已上车，开始订单，并严格根据导航指定的路线行驶。因为这样不出错，即使在行驶过程中乘客对等待时长等内容有异议投诉至平台，他的行为也不会被平台处罚。但如果在不征询乘客意见的情况下没有按照导航指定的路线行驶，一旦在行驶过程中出现问题而遭到乘客投诉，司机将难逃其责。到达乘客下车地点后，李文武在路边停好车和乘客道别："请您带好随身物品，注意后方来车。请您对我的服务进行评价，下次再见！"待乘客下车后，他熟练地点击向乘客发送订单并完成订单。

这是李文武承接一个订单并接送乘客的完整流程，而他每天的工作由二三十个这样的订单组成。订单之间的区别在于订单的质量、乘客的素质以及订单的起止点，而这些都是易引发司乘矛盾的细节。他们只能通过在群里吐槽等方式自我调节，继续穿梭在车流和不同的乘客之间。他们在乘客的起始点和终点之间的流动以及在订单和订单之间的流动构成了他们日复一日的流动性工作并成为他们生计的主要来源。

当下最满意的选择

W 平台规定，连续服务时长 ① 满 4 小时后，司机需要强制休息 20 分钟。因为每天的订单数量和每单的服务时长不一样，所以第一次强休的时间点一般在上午 11:30 左右至下午 3:00 之间。李文武会将自己的吃饭、上厕所以及车辆充电时间调整到这个时间段。按他的话来说，"人是活的，需要适应工作环境"。在网约车平台上工作，最需要解决的两个生理需求就是吃饭和上厕所，而他的适应策略就是早晨带的饼干和放在脚旁边的空的饮料瓶。当他饿的时候，他会在订单之间吃点饼干充饥；而在他想小便而又找不到厕所或停车位时，饮料瓶就成为他应急的必备工具。"一开始实在是不好意思在车上小便。但有一次系统的订单连着派，当时我想上厕所又怕下线之后上来没单，所以也就没舍得关闭系统。我一直跑，直到连着完成了 5 个订单。我当时都憋坏了，尿了足足有一分钟时间。那次之后我就放开了，活人不能被尿憋死吧。"车既是他的生产工具，也是他再生产的场所。

"我在火车站附近，在附近的兄弟们来一起吃饭。"他在群里招呼着其他在附近的网约车司机。恰巧此时，我刚把一个乘客送到火车站。于是我在群里回复，"上位置，我刚送了乘客，现在去找你"。中午吃饭的时间段是消费者的用车高峰，也正是我的"限

---

① 即"有效"劳动的时长。

时完单奖"的奖励时间段。我在奖金的驱动下不停地完单，同样不舍得下线吃饭。送乘客到火车站的这一单是我"限时完单奖"的最后一单，所以看到李文武在群里的呼叫，我决定和李文武一起吃饭，顺便聊一下他为什么选择做一名网约车司机。

我们见面的地点是一个充电站旁边的面馆。我们各点了一碗面，让我诧异的是，他的饭量和我差不多。"你怎么吃这么少啊？"我问他。"这几年跑车吃饭不规律，把胃给弄坏了，饿不得但也吃不多，吃多了胃反酸。"他解释着。顺着这个话题，我便了解了他从事网约车司机的过程和动机。

李文武是在 2015 年五六月的时候开始从事网约车司机工作的。他之前在一个房地产项目工地做厨师，工作时间为上午 10:00 至下午 3:00，收入为 5000 多元。这样的工作时间和收入让他有点尴尬，一方面是因为这份工作的性价比很高，即工作比较轻松，收入总额在 T 市算中等偏上①。但另一方面，这份工作的时间利用率不高，即 5 小时的工作时间之外，李文武有时间却无法变现。"5000 多元听着感觉挺多，但自己当时还没有结婚，又是外地人，所以需要赚钱在 T 市买房安家。现在没有房子哪个姑娘愿意跟你呢？家里父母（对买房子）也帮不上什么忙，还不是得靠自己？厨师的工资给得多，我不舍得放弃，但下班后的时间对我来说就是浪费，所以就想找个兼职工作赚点钱买房。但找了一段时间后没发现合适的，主要是时间不合适，所以很尴尬。"

① T 市 2015 年的最低工资为 1620 元 / 月，在职职工的社会平均工资为 4414 元 / 月。

在李文武为找不到合适兼职机会而惆怅的时候，他有个朋友推荐他在 W 平台上开网约车。反正找不到合适的兼职机会，李文武决定"死马当成活马医"。他深深地吸了口烟，继续说道，2015—2017 年在平台上跑车很轻松。一是因为平台之间的竞争激烈，各个平台的补贴，比如，高峰期的完单流水是平峰期的 1.4—1.5 倍，而且完成一定的单量后还有额外的现金奖励。他在手机上下载了很多平台，哪个平台奖励多就跑哪个平台。二是因为各个平台对司机的管控维度比较少，主要依据乘客的评价结果进行管理。所以，网约车司机只需要保证服务质量就不愁订单，并可以自由地在各平台以及职业之间流动。三是因为平台上大部分司机都是兼职司机，所以在司机供给不足的情况下，每个司机的订单量都很充足。在好跑的这几年中，李文武每个月在平台上兼职的收入便可以"轻轻松松上六七千"。"补贴最疯狂的时候，有人靠刷单月入过万。当然我没有赶上那个时期，但我开始接单的时候补贴也不少。我每天下班后和上班前跑车，只要星级高，上线就有单。我当时每天只跑五六个小时，流水都有 300 元左右，完全不累。不想跑的时候就不跑，再上线订单量也没什么变化。"他在回忆这段经历时带着一种得意的微笑。"那你两份工作加起来月薪上万呢。""看不出来吧！我自己也难以想象，我房子的首付就是那两年赚的。16 岁（2005 年）的时候我从老家来到 T 市闯荡。当时，因为年纪小且初中没毕业，所以来 T 市的第一份工作只能从饭店传菜员开始，月工资只有 300 元左右。做了几个月后，因为和领班闹翻，所以辞职了。后来，我做过传菜员、客房服务员、寺庙彩绘工、白酒销售员和你知道的工地厨师。我喜欢自由的工作，不想被管束，也不想看领导脸色了。当时，兼职开网约车赚得比较多，也不累，我心想全职后的收入肯定更高。在工地项目部解散后，我也没有再找其他工作，全职做了网约车司机。所以，跑网约车是我当时最满意的选择。"

2018 年初开始，李文武从兼职司机转变成为一名全职跑 W 平台的网约车司机。在 2017—2020 年间，T 市有很多网约车司机从兼职转向全职，并且主要在 W 平台上承揽订单。致使网约车司机从兼职变为全职的原因，主要有三个。一是我国政府从 2016 年下半年开始出台规制网约车行业发展的政策，要求从事网约车经营活动的网约车平台、网约车车辆和驾驶员需要向当地行政部门申请，获取《网络预约出租汽车经营许可证》、"车证"以及"人证"。政策对网约车司机的职业化要求，降低了网约车司机职业间流动的可能性。二是 W 平台对网约车司机的管理维度不再局限于服务质量，而是逐渐增加了对网约车司机的工作时长、工作频率、是否遵守平台的规则以及是否合规化运营等方面的考核，比如，2020 年 1 月开始运行的"口碑值"。"口碑值"由出行分、服务分、安全分和合规分组成，其中出行分考核网约车司机高峰期在线接单量以及活跃度，服务分考核网约车司机服务乘客的态度和质量，安全分考核网约车司机是否遵守平台规则及其驾驶行为是否安全，合规分考核网约车司机是否合规化运营。W 平台司机管理政策调整的目的在于增强网约车司机对 W 平台的忠诚度，减少司机在各个平台之间的流动。三是网约车司机在政府政策和平台规则的影响下，会对所从事的兼职和全职工作以及平台之间进行比较和取舍。在 W 平台上做全职司机，这是那些网约车司机结合工作经历和个人状况的理性选择，是他们当时最满意的选择。

规范、流动与生计

吃饭聊天的过程中，我看他一脸疲惫，便让他回车上休息一下。他叹了口气说，"不了，已经下午 3:30 了，我得赶紧跑车了"。我们便起身从面馆朝充电站方向走去。路上，我让他多休息，注意身体。他告诉我不能停，也不敢停下来，因为他这个月的车贷和房贷还没有还完。

T 市政府于 2017 年上半年开始治理网约车行业，制定并发布了《T 市网络预约出租汽车经营服务管理实施细则》。2019 年下半年，新能源车型被作为办理"车证"的硬性指标，也就是说，只有符合政策标准的新能源车才能获取"车证"。"既然选择了这份工作，你不遵守国家的政策就是违法，而且平台在平峰期已经不给'不合规'司机派单了。所以，我就首付 5 万元贷款买了一辆'合规车'，月供是 3500 元。从买上车的那一刻起，我就被这辆车'拴'得死死的。每天一睁眼就是负债，不跑车就是里外双亏，这就迫使我得天天上线接单。除了车辆贷款外，还有 GPS、视频监控设备和报警装置费用、挂靠费、营运保证金、商业营运保险、车辆维修和保养费用、充电费、停车费用以及交通罚单等七七八八的费用。这些成本平摊到每天大概有 150 元至 180 元。也就是说，我前五六个小时都是给别人干的，剩下的时间才是自己赚的。所以，我就算是哪天不想跑车想休息一下，也得先跑够 180 元再休息。"他边走边苦笑着说："别看我们赚得多，但是把成本全刨除之后，收入并不高。因此，为了让自己的收入多点，只能靠时间'熬'。"

赚钱买房还房贷是迫使李文武努力工作的又一原因。他说，作为一个初中未毕业、从农村来 T 市打工的人，在 T 市买房安家是他遥远且很难实现的梦想。但网约车司机的工作给了他一个圆梦的机会。2018 年初，在兼职做了 3 年网约车司机后，他用积攒的 30 多万元交首付，贷款买了一套 70 平方米左右的房子。他告诉我，自己很感激 W 平台，在 W 平台的工作帮助他在 T 市拥有了一套属于自己的房子。

说话间，我们来到他的车旁，他麻利地拔下充电枪插头，把插头搁置在充电桩上，对我说："我上午赚了 350 元，再跑跑就回家看儿子了。我跟他睡在一张床上，但他已经十多天没见过我了。"在和我道别后，他便像早晨一样刷脸验证并开始上线接单了。我望着他远去的车影，默默地思考着，车贷和房贷就像是大山一样，"压迫"着网约车司机"拼命"流动，并通过"自我剥削"的方式增加收入，养家糊口。

晚上 9:30，李文武在群里说自己赚了 570 元，准备收车回家了。"能接上顺路单今天就能破 600 元了，但接不上也要回家了，我想儿子了，可能现在回去他还没有睡着吧。"他一边说着，一边在 W 平台上设置着回家方向的顺路单。路途中，W 平台给他派了一个 35.7 元的订单。虽然接乘客和送乘客会有点绕，但是，他想着这些钱相当于儿子的 15 张纸尿裤，就接单了①。

李文武说，孩子生下来就是"四脚吞金兽"，需要他不停地"砸钱"。李文武之所以甘愿为儿子花这么多钱，是因为他吃尽了没有文化的苦，所以，不想让孩子重蹈覆辙。不惜一切代价供孩子读书，这似乎是底层劳动者向上层流动的重要途径。

送完乘客后，李文武决定关闭系统往回走。停好车后，他一瘸一拐地走回家。因为长时间在车上坐着，所以他每天晚上到家的时候都会腰腿疼痛。李文武进家门的时候已经晚上 10:52 了，儿子已经睡了。他很遗憾地看着熟睡中的儿子，虽然住在一个屋檐之下，但他已经有 10 天没有抱过儿子，没有和儿子说过一句话了。让他难过的是，拿起手中的方向盘，就没有办法陪伴孩子成长；而如果陪伴孩子，就没有办法养活这个家。让他欣慰的是，妻子还在等他回家，并为他做好了一碗热气腾腾的面条。他一边吃，一边听着妻子聊着白天带儿子的事情，却累得不想说话。吃完饭后，他将今天赚的流水全部转给了妻子，他特别享受此时妻子脸上洋溢的喜悦和崇拜。草草地洗漱过后，他便躺在了久违的床上。此时，家里晚上 12:00 的钟声响起。这一天，李文武在线服务 12.6 小时，流水 605.7 元。这一天，是李文武 365 个工作日中极为普通的一天。

---

① 对于平台派的顺路单，司机是有权利拒接的。

一直以来，网约车平台将劳动者视为"独立承包商"，因为这样不仅能够降低平台企业的用工成本和用工风险，而且能够充分地激励网约车司机的工作热情。市场是最强的激励机制[①]。从产权的视角来看，网约车司机作为独立承包商，投资购置生产工具并拥有对剩余价值的索取权。在政府和平台企业的政策框架下，网约车司机为了利润最大化，势必会不断地"自我剥削"。如果将这种"自我剥削"放在生产和再生产领域进行理解，就是流动性劳动与生计的相互牵制。

对于网约车司机而言，生计是流动的条件和目的，流动是获得生计的途径。生产经营成本和日常生活成本的支出是支撑网约车司机合法化、持续性流动的物质基础。反过来，网约车司机在平台上流动的目的是获取生计。进一步说，网约车司机不断地延长工作时间，增加工作强度是迫于生计成本的压力。对于文化水平偏低又不具有其他工作技能的网约车司机而言，一方面他们需要一份高薪的工作来应付生计压力，另一方面在没有其他高薪工作机会的情况下，他们只能依赖 W 平台，从而降低自己在职业和平台之间的流动，提高在 W 平台上的流动时长和流动频率。

---

① 埃里克·弗鲁伯顿，鲁道夫·芮切特.新制度经济学：一个交易费用分析范式［M］.姜建强等译.上海：格致出版社，2015.

超越传统：在家带货的妈妈们

任丹华 [①]

编者按

现代生活中，人们不仅在淘宝和拼多多买东西，还会在朋友圈中买东西。互联网创造出新型的信任关系。以微信平台为例，2020 年，微信生态以数字化能力催生新职业、新工种、新岗位，衍生出 3684 万个就业机会，微信支付服务商在三线及以下城市的分布比例达 50.6%。数字平台使用者的社会结构呈现出新的趋势，数字平台不断打破传统，走向更多的人群。快手开发的"快手小店"将更多的生产者与消费者联系起来。

在工业社会，在家带娃的妈妈、生病的退休女性和不安于按部就班工作的女性都会被排除在有酬劳动之外。正是 3 位这样的女性，在平台上开创了自己的事业。她们在家中，一边做家务，

---

① 任丹华，北京大学社会学系 2018 级本科生。原计划 2021 年 6 月进行相关社会实践课程，但因为新冠肺炎疫情无法进行；对身边人的观察给她打开了另一个世界，让她看到女性正在实践着打破传统性别角色规范，并努力经营有成就感的新生活。她很快和这 3 位女性成为朋友，并通过她们看到，人生道路有多种可能性。

一边成为养家糊口的挣钱人，超越了传统的女性角色，让自己的生活闪闪发光。

当今，互联网涌现了各式各样的"带货"平台，如淘宝店铺、跨境电商平台、抖音直播以及微信朋友圈。在这些平台上，活跃着一批年轻的"宝妈"，她们通过在平台上售货赚取生活费。她们在自己的日常生活中创业，灵活地利用时间赚取收入，同时从中获得新的生活意义。与以往的"全职"状态不同，她们可以在家务与照料孩子的间隙为自己的生活增添意义，或者将日常生活本身通过可见的网络传播，作为意义转换的工具。在一次调研经历中，我接触到了3位不同类型的平台创业者，并以访谈者的身份了解她们的创业经历和生活状态。通过交流与观察，我了解了她们如何开始创业，她们自身的因素如何影响她们的创业行为，以及在创业活动中她们建立了怎样的新的社会关系和生活意义。她们的故事勾勒出3幅不同的人生图景，共同指向互联网时代女性生存方式的新样态。

亚南、飘香、李瑶三人分别是30岁的宝妈、50岁的病休妇女和25岁的刚刚步入婚姻的年轻创业者，同时也是平台服务商、抖音网红和自媒体工作者。她们3人的故事展现了"在家妈妈"在互联网平台的创业状态与丰富多彩的人生。

亚南：宝妈的创业路
——从微信群到地区代理

初次与亚南联系的时候，她就以极高的热情向我介绍了自己的生活状况和创业经历。从她清晰的表达和流畅的讲述中就能感受到，她的成功绝不是偶然的。

1989年出生的亚南，怀孕后便像大多数年轻宝妈一样，从原单位辞职。日语专业出身的她放下了翻译工作，准备全身心地投入养育孩子中，成为一名全职妈妈。但那时的她没料到的是，失去工作后的自己很快患上了产后抑郁，陷入了日复一日的自我怀疑与茫然之中。2016年，亚南加入了一个"宝妈"微信群，希望自己能在与其他全职母亲的经验交流中，获得归属感与认同感。

对亚南来说，一切的转机也始于这个微信群。

我问亚南："走上创业这条路最重要的是什么？"她说："是机会，和愿意抓住机会的自己。"在孩子不满两岁的时候，亚南在群中结识了一位朋友，并在她的朋友圈里看到了推荐婴幼儿用品的电商链接广告。亚南点开了链接，马上被网页的排版、色调吸引。一次购物尝试后，亚南为孩子购买奶粉、奶瓶、尿片等日常用品的渠道，逐渐从拜托朋友从海外购入变成了直接从这家网站购入。就这样，亚南以消费者的身份第一次接触到了跨境电商平台YC。

随后，利用大量的在家空闲时间，亚南对YC进行了更加深入的了解，在了解后，抱着"试试看"的心态，她跟随朋友投资1000元加盟 YC 平台，成为该平台的正式渠道商。所谓渠道商，就是为潜在目标客户提供购买渠道，吸引越来越多的人通过分享链接进入 YC 购物的平台合作者。渠道商有一个更广为流传的非正式名字——店主。尽管不用像传统店主那样，负责采购、进货、囤货等传统开店的必要工序，渠道商们也认可自己经营着一家小店，并能够因为小额的利润获取而感到实质性的自我满足。亚南回忆，刚刚成为"店主"的自己，可能每个月最多只能赚到 800元，但每次看到微信有新的进账记录时，都比自己以前收到工资还开心。

具体而言，店主需要做的是将产品信息发到社交平台，以链接的形式邀请有消费需求的朋友进入 YC 小程序或 App 购买。当商品通过自己分享的链接以一定的价格卖出，店主就可获得最多10% 的提成。因此，大多数店主都可以利用自己的碎片时间获得一些零碎收入。亚南最初的顾客受众，主要集中在同学圈和同事圈，大多数都是与她差不多岁数的宝妈们，所分享的商品也是自己用过的、信赖的母婴用品。不需要过多的成本，也不需要高强度的时间投入，亚南认为店主实际上和平台没有深入合作，更像是 YC 平台的 VIP，通过利润返差价，以较低的价格购买优惠商品，并通过邀请更多的朋友进入自己的"小店"，从中获得一些零碎的分成。由于所售商品本身的价格不高，她们每月能获得的收入不到 1000 元，更多的人并不是以此为主要经济来源，而是给予这份工作关于实现自我价值的意义，让"宅家"的宝妈们知道

"我是在做些什么的"。对于亚南来说，这也正是治愈产后抑郁的一剂良药。在将孩子哄睡后，在完成一天的家务后，坐在沙发上休息的亚南拿起手机，登录自己的账号，看到今天不到 20 元的收入，也能从中获得成就感。与此同时，她也可以在平台上延续自己的宝妈责任，为孩子购入可靠的生活用品。成为"店主"让她得以将自己的生活和事业联系在一起，以往存在于工作与生活间难以跨越的边界被模糊，在这里，亚南寻找到了"除了妈妈，我还是谁"的答案。

然而，亚南的尝试并没有止步于此。她不仅邀请顾客点进链接，也开始邀请信任自己的朋友成为和她一样的渠道商。第一个加入亚南团队的，是她的高中同学。成功邀请新朋友加盟的亚南，摇身一变，成为服务商，在整个跨境电商平台的运营中被赋予更多权力。所谓服务商，就是专门替电商平台进行店铺管理的第三方机构或人员，他们通常在平台与店主之间直接起到联系作用，并根据租金或分佣方式营收。与平台签订服务合同后，亚南正式成为服务商，以此身份招揽新的店主，并从下线店主的销售额里提成。也就是说，亚南所招揽的店主规模越大，店主的销售业绩越高，亚南就能获得更多的利润。但这并不意味着亚南就可以当一名"甩手掌柜"，她需要在自己的团队线上群里动员统筹、设计宣传文案、联系上下线、组织线下团建活动等。这样一来，亚南的社交圈就不仅是渠道商时期的客户，也包括最重要的潜在招商对象。而通过新一轮的招商，亚南可以通过熟人关系邀请更多的朋友加盟。以亚南为中心，通过熟人关系扩散出去的团队也越来越大，从最初的 20 人，变成了现在的 2000 多人。

亚南也因此得到 YC 公司的肯定，晋升为与公司联系更密切的营销副总和地区代理，目前负责组织、协助、联系她手下的所有店主，承担文案图片发布、销售方案、解决售后问题等工作，每月稳定获得上万元的收入，在网购旺季可获得高达 8 万元的月收入。成为营销副总后，亚南通过熟人渠道，形成了一个以她为中心的、由陌生人组成的商业性圈子。这一圈子的扩展同时也是社会关系和亚南社会影响力的拓展。

亚南介绍，大家不仅在店主群里讨论业绩、交流开店经验，也会在这里畅谈日常，聊聊自己的孩子的升学问题、和丈夫因为生活琐事造成的吵架，以及分享家务育儿小妙招等。在这个既属于宝妈，又属于合作对象的交往空间里，没有约束规矩，也没有明确的领导者，每个人都是横向型同辈关系的一员。宝妈们在这里分享日常、交流经验，在其中收获对品位、生活方式、价值观的评判。在与更多人的互动中，她们的自我价值也得到了更好的实现。这里为众多像亚南一样依托平台经济创业的女性，乃至更多无法进入职业场所的家庭主妇，提供了一个可以实现自我价值认同的空间。这种线上联系也会渗透到现实生活中来——公司层面会定期组织的线下活动，包括美妆分享会和招商培训会等。宝妈们私底下也会进行交流，同地的人会约个饭局，交流育儿经验、开店经验以及更多与自我生活相关的内容，成为很好的朋友。随着这一事业越做越大，亚南的社会影响力不断提升，从最初"没有什么圈子，谁也不认识"的宝妈，成为带领 2000 人下线团队的

亚南在线下分享会

店主的线下聚会、交流

领导。同时，她也在创业过程中获得了家人的认可，并拥有了"去做自己喜欢的事情"的底气。这份底气既来自相对稳定的高收入，也来自时间支配的自由度。

尽管目前亚南的大部分经济收入来源于电商事业，但对她来说，这并不是她的主业。在探索跨境电商可能性之外，亚南也在探索关于个人价值以及实现更为精彩的人生的可能。如今的她因为孩子的逐渐长大也尝试走出家门，在幼儿教培机构担任老师。最近，教培老师这一职业出现新的变化，但亚南并没有因此感到过多的忧虑，从事跨境电商行业给她带来了较为稳定的高收入和积蓄，成为她创造更多人生可能性的重要保障。

时间支配的自由是这份事业最独特的优势。陷入抑郁情绪的很长一段时间里，亚南的忧虑就在于"兼顾家庭和工作的时间，但我又迫切地想要创造价值"。而她最终所选择的 YC 平台，解决了她的担忧。越来越多的在家妈妈加入平台经济创业中。亚南探索自我可能性的未来还在继续，女性在日常生活与互联网平台创业间的故事也在继续书写……

飘香：病休职工在不断学习中创业

飘香的一天从 5:00 开始，也从一本本记满文字的笔记本开始。

在儿子经营的餐馆进门角落，大多慕名而来的顾客一眼就能看到飘香的直播设备——桌子、摄像头、麦克风、简单的打光设备，以及陈列着各种品牌商品的背景墙。正如她在抖音个人主页写道的那样——"热爱生活的我，一个有故事的我，给大家带来快乐的我"，一早醒来的她便充满了对生活的热情。6:00，飘香开始练习舞蹈、进行塑形运动、学习网课，并同时反复背诵着晚上直播需要说的宣传语和交流话术。也正如飘香每条视频中都会出现的标签"××最温暖的姐，不接受反驳"那样，飘香用"温暖"定义自己，她认为，自己所做的事情意义就在于，用自己的热情、乐观去感染他人，并为家乡宣传做出自己的努力，"让更多人知道人是有很多可能性的"。

"最重要的就是学习，学习网络，学习新的事物。"飘香会在网络上搜索直播教程，学习直播的技巧，并全部记录在自己的笔记本上。飘香的笔记本上，规整地写着关于账号运营的相关事项，包括如何运用直播话术、如何展示肢体动作、有哪些违禁词等。飘香觉得自己记性不好，刚开始直播时，她会提前好几天把要说

飘香的直播设备

的内容以及要介绍的产品信息全部背好。有些时候，当地政府也会组织直播电商的专业培训，飘香都非常积极地报名参加，并将自己的学习资料与老师讲授的课件，分享到一个40多人的微信群里。群里的其他人都是飘香的"学生"，既有当地因为飘香的名气想跟随她一起做直播网红的年轻人，也有通过网络认识飘香、远在内蒙古的60岁老奶奶。只要在飘香的直播间购买一套价值300元的护肤品，就可以进入微信群，获得她每天分享的资料。40多个形形色色、来自五湖四海的人聚集在这个群里，飘香对教会别人、帮助别人"实现梦想"也具有极高的热情。

互联网建构出的跨时空人际关系，打破了以往创业环境中社会资本发生作用的固有逻辑。从飘香的经历可以看到，网络信息技术让信息检索变得更加快捷，既让飘香更容易接触到关于做网红、做电商的知识，让她能完全依靠网络学习主播知识，了解行情，得到进入门槛的资格证，并一个人探索出了网红之路；也让她在网上与他人分享，实现简单的"知识变现"。和飘香一样，在家女性创业初期，不仅可以依靠熟人关系得到信息支持，也能通过网络搜索所需的关键信息。

互联网在赋予创业者低门槛、去技术的准入标准时，也对创业者的情感动员能力提出了极高的要求。飘香通过话语进行情感展演，制造出与观众和消费者的亲密距离。社会给予女性的角色期待，在这样的创业环境中成了一种优势，并强化了女性在

飘香的笔记本

互联网中劳动内容的不可替代性。女性在创业过程中遇到的传统与现代间难以弥合的冲突，在情感劳动的实践中得到化解。值得一提的是，情感劳动难以量化的问题，也在网络数据可见化中得到解决。飘香可以通过视频播放量、点赞量与评论量直观地了解自己的日常运营状况。通过平台后台公开的数据，这类劳动被具体化，从业者可以直接地感受自我劳动成果。因此，相对于传统工商业，从事情感劳动的女性的工作内容得到了充分的量化，有效规避了因不可见性带来的感知价值受损的风险。

飘香的情感劳动体现在常规视频和日常直播中。第一次点开飘香的抖音主页，我非常主观地给她的视频类型打上了"土味"标签。她的大多数视频，都是唱歌、跳舞等传播价值较低的内容。

她或是穿着自己喜欢的红裙，或是穿着品牌商赞助的礼服，小县城的街头、自家餐馆、公园都可以成为她的舞台。但点开评论区可以看到，观众都被飘香的自信和笑容感染——"最喜欢看飘香姐的视频""还是飘香姐的内容丰富""飘香姐今天心情很好啊"等。飘香也因此向我打趣："粉丝们总说我心情好，其实我每天心情都好。"飘香用"正能量"来概括自己的视频内容，在她看来，展现活泼、积极的自己，让看到的人开心起来，就是自己做这件事情的意义所在。那些在我看来无须多学的舞蹈动作和拍摄技巧，都被记录在飘香的笔记本上，并需要一次次地学习。甚至是被打上"土味"标签的背景音乐，也是飘香精心选择过的。

每天的直播从晚上 6:30 开始，每次两个小时。在直播里，飘香的主要任务就是将商品卖出去，同时从粉丝打赏中收获直接收入。"感谢家人们的点赞""感谢 ×× 妹妹的评论""感谢 ×× 哥的礼物"，这些都是飘香对粉丝的关注与打赏的重复回应，她用代表亲属关系的称谓拉近自身与陌生观众的距离，进行着情感展演。这种展演并不意味着飘香的情感展现是虚假、消极的，而是她在用程式化的语言、动作将自我情绪显现并放大。除了直播，飘香每天都会发布一条唱歌或跳舞的视频，用"在抖音上进行才艺展示"充实自己的生活，将学来的手势舞和短视频拍摄的技巧与自身的积极自信融合在一起，在平台中打造一个独特的个人 IP。目前，飘香共有 11 万粉丝，她每月 2000 元的收入主要来自直播打赏、带货和广告宣传。实际上，这些收入对她来说并不多，但她仍然全身心地投入账号运营中，并将其作为自己未来的努力方向。

她忙碌的日常生活被价值感充实，让她感到快乐。与亚南一样，飘香也在日常生活中寻找着自己的事业立足点，甚至比亚南更投入对事业意义的找寻中，并将其作为生活本身。

短视频平台为许许多多的人提供了一个展示自我、创造财富、获得自我价值感的机会，飘香也十分热情地鼓励年轻人去做出这方面的尝试。七年前，因于身体原因，飘香暂停了原本在邮政的工作，并开始了漫长的治疗道路。飘香一家的经济条件并不差，然而，昂贵的治疗费用令飘香产生了极强的愧疚感。在很长的时间里，飘香的生活交织在病痛、治疗与自我否定之中。她的生活与社会关系都是封闭的，但现在的飘香正在向每一位线上观众、每一个现实生活中接触到的人展现出阳光、积极、自信的面貌。在阐述自我所做之意义时，飘香的口头禅是"正能量"——"我想让更多人感受到正能量""我想传递正能量的东西"。经过再三考虑，飘香在"××市最精致的女人"和"××市最温暖的姐"这两个宣传口号之间，选择了"最温暖的姐"作为自己的宣传口号。对她而言，自己的创作定位不仅仅是要展现美丽，更是要用自己真诚的热情去感染更多的人。或许最具"正能量"与"最温暖"，就是飘香能够战胜病魔的关键，但事实上，飘香并没有在线上透露过自己的身体状况。"因为所谓励志应该在真正获得成功的时候才会显得伟大，现在还不合适。"她认为，自己目前的影响力还没有达到可以通过自己的人生故事获得认可的程度，她更希望用"真才实学"获得热度，再将自己的故事作为一个"正能量"的传播内容，鼓励更多的人，而不是将其作为赚取热度的卖点。

飘香在自我展示中渴望获得他人对自己的认可，希望所得的并不是纯物质的工资回报，而是一种意义回报。在日常学习与更新以及与观众的互动中，她为实现自我肯定奠定坚实的基础。当前，飘香的病情已经好转，不久后将返回工作岗位，并于一年后正式退休。在无穷的可能性中，飘香已经为自己的退休生活找到了一条确定的道路。最初，飘香的选择是受情感推动的，她所期望的回报是获得诸如"被大家关注""被人夸奖很开心""我很乐于分享"的精神愉悦感。这也正是飘香最根本的创业动机。后来，飘香将自己的情感劳动商业化，通过学习这条产业链上的相关知识，她将兴趣转变为工作，赚取物质性收入也逐渐成为这份工作的重要意义之一。

越来越多的客人慕名而来，飘香也对自己在当地小有名气的状态感到满意。很多人常常将抖音短视频内容视为低俗文化，以"土味""没有内涵""没有文化"来攻击、评价抖音网红，尤其是对年纪较大、镜头语言不够专业、内容单调的原创视频博主。但通过飘香可以看到，在这些视频背后，他们往往以自信、积极的心态面对生活，并乐于向观众传达"正能量"。她正以自己的方式和姿态活出自己，在这个充满可能性的互联网时代，拥有属于自己的人生。

李瑶：逃避控制与美食探店

不论是 30 岁左右的亚南，还是 50 岁左右的飘香，都将"自由"作为这份事业最重要的特点。尽管还没有成为妈妈，但李瑶的故事或许能更进一步地佐证互联网创业带来的"自由"。

因为是同龄人，我和李瑶很快熟络起来，并约好在线下见面。赴约的除了李瑶，还有她的男朋友。25岁的李瑶在2021年10月6日和相恋3年的男友结婚，用从事自媒体工作以来的积蓄买下了当地一套居住环境舒适的新房。李瑶和男友两人是当地小有名气的美食探店博主，每完成一条推广视频，他们就能获得2800元的收入。每月他们都能完成不少于10条的拍摄任务，较忙的时候可以获得4万—5万的收入。

李瑶的创业故事也是从辞职开始的。从G大学广告传播学院毕业后，李瑶首先在某广告公司从事传媒工作，负责运营多个微信公众号与抖音美食账号。不久，公司便对员工行为做出许多强制要求，比如，要求从公司离职之后不能从事任何媒体工作。这种要求引起了李瑶及其同事的不满，很快李瑶便从公司辞职，开始自由创业。最开始，小李在家乡一家酒业公司工作，仍然从事专业的广告工作，抖音账号只用来发发日常的探店活动。有趣的视频内容很快吸引了许多年轻网友，李瑶的账号拥有了大量粉丝，她的话语权也得到了很大提升。不久她便发现，自己的一条视频可以给她所推荐的店家带来许多人气和利润，于是，她将原先个人化的ID改为更具官方性的"××美食"，经营起一个以营利为目的的美食账号。

此后，李瑶开始接商家推广，直接与餐饮商家进行合作，从每条视频500元，到现在的2800元。李瑶的运营团队一直都只有两个人，一位是负责出镜与文案策划的她自己，另一位是负责拍摄与剪辑的男友。每完成一条视频，基本需要 4 个小时，经过与商家沟通、商家预付订金、探店、素材拍摄、文案策划、脚本协调、视频剪辑、商家审片并支付尾款、视频发布的工作流程，李瑶与商家的一次合作也就全部完成。

　　第一次访谈后，李瑶便邀请我参与了一天的拍摄活动。从下午 4:00 到晚上 9:00，李瑶和男友需要连续完成老鸭汤店和烧烤店的视频素材收集。李瑶首先会与老板进行沟通，了解该店想要展示的特色与拍摄需求。已经掌握了交流技巧的李瑶非常熟练地完成了这一基本步骤，经过仔细地询问与了解，比如"肉是否按斤称重""顾客是否需要全程 DIY"等真实细节，李瑶尽可能地使后期视频内容变得丰富。在这个拍摄工程中，镜头美感与呈现效果十分重要。尽管摄影设备并不专业，但两人仍努力地兼顾各个细节。那天是老鸭汤店开业第一天，店里生意红火，几乎每一桌都坐满了人。缓慢的上菜速度让急性子的李瑶心情并不是很好，她开始担心会耽误下一个烧烤店的拍摄行程。甚至在拍摄中途，她和男友也因为一些拍摄细节出现了不愉快。她向我调侃："如果不是因为你在，我们刚刚肯定要吵起来了。"

展现食物的诱人之处是李瑶的工作日常

　　然而，一旦进入拍

摄，李瑶的状态就兴奋起来，脸上的表情也变得十分丰富。李瑶
在拍摄过程中并不用说话，只需展现出自己大快朵颐的样子。随
后，还需拍下服务员上菜的瞬间，也就是锅被放到火上的瞬间，
并简单地展示一下鸭肉。为了显得更加丰富，李瑶将火锅汤料舀
到了自己的碗里泡饭，尽管不擅长吃辣的李瑶并不适应，但她仍
然表演出了被美食所惊艳。

　　第二家烧烤店的老板和李瑶是第二次合作，李瑶和她的沟通
也更加顺畅，老板全程都在协助李瑶进行拍摄。每个菜品都能拥
有镜头，特色冰粉、羊肉米粉、辣椒蘸水、包浆豆腐都可以成为
生动的宣传点。李瑶拍摄了进门、挑选菜品、上菜、吃肉、嗦粉、
店面环境等多个画面，以便决定最后使用哪些画面以及配上怎样
的文案。这些丰富但零碎的画面最后会剪成完整的视频，并在后
期配上文案、声音。这样一来，两期视频就完成了。利用 5 个小
时的时间，李瑶便赚取了 5600 元。这个水平收入足以支撑她的小
家过上惬意的县城生活。

　　一般而言，需要推
广的店家会通过李瑶留
在账号主页的联系方式
来主动联系她，几乎每
天，李瑶都会收到新的
店家需求，或是餐饮
店，或是旅游景点，或
是一家开业不久的民

为食物补光、拍特写是必然的流程

宿，或是美妆美甲小店。在"吃喝玩乐"中完成工作，获得收入，用李瑶自己的话来说就是"边玩边工作"。但在拍摄过程中，李瑶与店家，甚至与男友的沟通，都并不总是融洽的。这就意味着，她所谓的"玩"是带有模板化的表演性质的。愉悦的表情、固定的语言范本、夸张的身体语言以及套路的拍摄角度与灯光要求，这些都是作为自媒体工作者的李瑶的重复劳动。李瑶将其作为自己的正式职业，也将它作为日常生活的重要部分。她的拍摄工作本身也是基于生活的，边工作边解决餐饮。在这个意义上，工作与生活是相互渗透、无边界的。通过自媒体进行内容生产、价值呈现与情感互动，李瑶在具有享受价值的工作中创造自我价值，实现自我成就。

在聊到"你觉得目前人生最珍贵的是什么"时，李瑶最先想到的是"自由"二字。几年前，李瑶还处在被安排、被要求，每天疲倦地进行报告、会议记录的状态。厌倦这种生活的她果断决定离开前公司，凭借个人经验创业。在她眼里，自由既是自己能够决定明天要做什么，也是能给予自己未来漫长人生无限可能性。具体而言，李瑶获得了进入职业市场的自由，她用"无差别的劳动机会"来形容这种互联网给予女性创业者的自由。她说："我的父母辈所处的时代是一个性别分工明确的时代，而如今女性的独立意识逐渐增强，我觉得开放的互联网则正好给了女性一个无差别的机会，在这个行业里创业，男女能遇到的机遇和可能遇到的困难都是一样的。"在李瑶的拍摄工作过程中，她和男友分工明确，甚至在大多时候是她占主导权和决策权。在与客户沟通、关键出镜以及创意文案撰写的过程中，男性在传统创业资源中的优势减弱甚至被消解，李瑶的劳动内容被赋予更高价值与不可替代性的可能，甚至可以成为"夫妻"创业过程中的关键主体。更广义来说，数字经济下的男性创业者与女性创业者付出同样的非在场资源，平台的低门槛为双方的创业都提供了利好条件。

李瑶的自由也体现在可以在任何时间开始接单，对自己明天的工作做出安排，灵活选择。互联网经济打破了时间和空间的限制，李瑶不需要在特定的时间，进入特定的地点进行工作，而是跨越时空边界、随时随地实现与市场的连接，从而自由地支配自己的工作。随着影响力的不断提高，李瑶的选择权和议价能力也不断提高——她可以自主地选择合作对象，在品尝之后决定是否要合作。此外，这个自由也是在不断变迁的互联网时代中不为自己设限的自由，李瑶非常乐意跟随时代潮流，迎合消费市场新的需求，做出新的改变，在不断的学习和自我充实中，让自己的作为更加充满鲜活的意义。目前，享受自我雇佣所带来的灵活性与自主性的李瑶，正努力将感情都倾注到自媒体运营之中，为她和她的家庭都创造了可观收益。

李瑶的视频内容既不同于分享类的美食博主，也不同于以"吃"为噱头的"大胃王"吃播。可以说，李瑶是在短视频创业平台上的一位自由个体户。所谓"户"，正是与简单的分享型视频博主区分，具有明确的商业目标，直接以营利为目的。李瑶的美食账号叫作"××美食"（××为地名），在抖音主页简介中，她也明确写出："商业合作请微信联系。"李瑶并不避讳自己的营利目的，会直接在视频评论区解决关于"是不是收钱了"的质疑。她非常坦荡地说："这很简单，我做这个就是为了挣钱，所以完全没有必要向我的粉丝隐藏我在收合作方钱这件事情，这个我想得很清楚。"但这并不意味着李瑶对所有合作意愿都"照收不误"。和审美一样，美食鉴赏也有很大的个人差异，"有时候，我觉得好吃的，我男朋友觉得不好吃，但这不妨碍我愿意去做这个推广。但我觉得不好吃的店面，我一定不会推"。这正是"个体"创业的优势。不像大多数背靠 MCN 机构的美食博主，也不像签约公司的"网红艺人"，李瑶的选材、决策、定价和执行都由自己决定，脱离于商业等级结构之外，以个人为中心进行资源拓展。因此，她的短视频制作内容也具有一定的自主筛选性，这种筛选主要体现在李瑶的个人取向和商家合作态度这两个方面。"那些态度恶劣，对我爱答不理的店主，除了微信上聊几句，基本是不会有进一步合作的。"

不论是和辞职前的状态对比，还是和其他平台的博主对比，李瑶都在为自己摆脱控制做出努力。李瑶用"自由"一词去表达自己对创业前后工作状态的感性体验。正如她所说，"我一直都是

让人垂涎的食物也让李瑶获得了自由

一个向往自由自在的人，这是以前的工作和其他的工作不能给我的"。她定义的"自由"，意味着逃避传统工业社会的工作纪律的控制，概括了在家女性互联网创业的状态和体验。在这里，工作制度是弹性的，时间安排是灵活的。她们不用每天在固定时间来到办公地点，根据上级安排完成工作内容，在特定的企业文化氛围中调整自身的行为方式，更不用受困于职位升迁制度和职场性别规范。

但仍需注意的是，这种自由的另一面是工作的不稳定性。在社会保障、职业培训、版权保护等方面，她们缺少明确的劳动保障。她们游离在永久合同和稳定组织之外，却也在互联网中积极地呈现新的劳动形式。尤其对于李瑶这样将自媒体工作作为全部经济来源的人来说，不确定的未来和随时可能错过机遇是目前最大的担忧，但这并不意味着她们不会为此做出任何努力。在每一种可能性中，我们都能看到女性凭借强大的主体性力量，在这个信息时代，重塑自己的人生并影响社会。

互联网时代在家女性的创业

在互联网经济飞速发展的背景下，女性成为创业浪潮中不可忽视的力量。在"互联网＋"时代，数字平台为女性带来新的机会，提供了新的路径，更多地为女性创业、就业赋能。随着信息技术的迅速发展，互联网成为人们生活中不可或缺的重要组成部分，通信、购物、娱乐都可以在网络中进行。与此同时，互联网衍生出的新经济形态，也深刻重塑着人们的工作模式和生计方式，对劳动力市场产生了重要的影响。越来越多的人从工业时代的八小时工作制，迈向互联网时代的自我雇佣、灵活就业，个人特长得以在互联网市场中变现。阿里研究院在 2017 年发布的《数字经济2.0》报告中预测，未来 20 年，50% 劳动力将通过网络实现自我雇佣和自由就业，基于互联网的"创业式就业"将成为未来人们的重要就业形态。在这个庞大的新式创就业人群中，女性发挥着重要作用。Aurelio Ravarini 和 Gianmaria Strada 曾这样描述互联网背景下的就业状态：智能工作、无任务分配、虚拟化。除了传统的雇佣就业，就业的灵活性、跨组织边界、自组织探索工作内容、技能快速迭代……都成为"数字就业"的特征。数字经济为女性提供了更广阔的就业选择，基于平台的商业模式派生出了众多就业机会，数字经济下的创业场景越发丰富。

第 47 次《中国互联网络发展状况统计报告》显示，截至 2020年 12 月，我国网络购物用户规模达 7.82 亿人。在如此强大的市场背后，是众多的新兴职业角色与就业机会，仅在阿里平台上，女性创业者占比就高达 49.25%，在数量上与男性店主平分秋色。值得一提的是，早在 2018 年，淘宝平台的女性店主年均交易金额超20 万元，相比 2014 年增长超过一倍，其增幅比男性店主高出三成。[①] 再比如，根据携程平台调查数据，在 5000 多名持证的新职业

---

① 数据来源：中华女子学院，阿里研究院 . 2019 阿里巴巴全球女性创业就业研究报告〔R〕. 2019.

"旅行定制师"中，有 68% 为女性。① 此外，网红"打卡"经济也是以女性为主，几个女生以结伴互拍或自拍的形式"打卡"消费，为小店宣传，赚取广告推广费用。近年来，短视频浪潮兴起，越来越多的人通过自媒体运营、广告营销获得收入。随着短视频平台进入电商领域，以淘宝为代表的传统电商所运用的网店模式再次刷新，直播带货、KOL/KOC 带货等现象展现出电子商务的新面貌。以李子柒为代表，越来越多的女性以可见的形象、直观的形式出现在公众视野，并将此作为一种可效仿的正式谋生职业。总而言之，在这个数字化的时代，个人与他人以及整个社会的联系方式都发生着剧烈转变，无论是走在时代潮头、掌握信息资源的女性，还是从未走出家门的女性，都可以通过数字连接，参与到互联网经济的浪潮中来，共享技术与经济福利。

通过亚南、飘香和李瑶三人的故事，我们可以看出，互联网匿名化、去技术化、低门槛、跨时空限制的特征，为在家女性打造了一个全新的创业环境。相较于传统工商业中的创业场景，互联网创业情境的"新"主要体现在三个方面：无差别的劳动机会、碎片化的时间以及跨空间的社会关系建立。

首先，在劳动机会方面，去技术化使得创业门槛较低，在传统性别分工观念影响下没有获得高质量教育的女性，依旧可以在互联网中闯出一片天，维持生计。从以往的女性创业研究中可以发现，研究对象大多为女性企业家，而大多数成功的女性创业者

---

① 数据来源：携程. 旅游新职业女性从业报告［R］. 2019.

都是高知女性。然而，互联网催生的数字经济与平台经济给了许多无法接触到专业技能知识的底层女性新的创业机会，也将"创业"一词的含义变得更加宽泛。如今的创业，并不仅仅只有白手起家开公司，也可以坐在家中，对着电脑屏幕，在与外界跨地域限制的交流中，创造自己的事业。此外，不论是淘宝店家、微商，还是主播、网红，他们进入互联网创业空间的标准与门槛都是一致无偏的。过去，创业者往往需借助大量的社会关系资源，互联网创业省去了许多在场流程和"跑手续"的麻烦。这使得创业男性失去了传统创业过程中的体力和社会关系网络优势，创业女性则获得了更大的发挥价值的空间。

传统经济结构中对女性的创业、就业歧视也在匿名的赛博空间得到了一定程度的消解。社会性别理论认为，男性之所以能在劳动力市场上保持特权优势，甚至能获得高于他们自身价值的社会承认，是传统文化所决定的社会性别标志的表现，是社会为他们做出的位置安排，而不是由劳动力市场上的某些个人因素和个别行为所决定的。同样，女性进行劳动生产的价值被贬值，不是个人歧视的结果，而是社会文化因素造成的社会歧视。网络使得现代人得以通过匿名、化名的方式进入一个自由、平等、多元的跨越物理空间的虚拟世界，在这个去身化的场域里，性别不再是人们定位他人的第一特征。在淘宝店主、微商等交易场所，更是一个去性别化的创业空间。在这个空间里，女性不再受制于传统工商业的创业劣势与传统性别规范，与男性平等地共享互联网给予当代创业者的优势，可以在互联网中，作为社会的一个独立个体，实现自我，完成自我认同。

其次，在时间方面，互联网劳动特有的碎片化时间，一定程度上缓解了女性工作与家庭冲突带来的双重角色困扰，同时也让女性在自我创业的实现中完成了个人时间与家庭时间的统一。一直以来，家庭角色与社会角色的双重困扰，是直接阻碍女性创业的一大原因。而平台经济让女性可以利用日常的碎片时间参与其中，消解了工作与生活的缝隙，在某些时候，工作也会渗透到生活中来。这种延伸与渗透形式更突出地体现在一些以育儿、做饭、家务为分享内容的视频博主身上，她们的创业空间与家庭空间高度重合，家庭劳动和线上内容生产紧密结合在一起，为其居家生活增加了新的内涵，并帮助她们获得自我提升与自我成就，缓和因经济地位不平等造成的家庭矛盾。这种碎片化劳动时间使女性工作在很大程度上成为一种灵活的弹性工作，是一种完全自雇，甚至可以在家完成的工作，使得创业女性拥有实现家庭与工作平衡的可能，克服了传统创业模式中女性首要面对的家庭阻力。一方面，承担较大家庭责任的女性不用分出过多的时间精力在运营上，另一方面，女性可选择以此为副业。对于亚南以及她所带领的重点店主来说，店铺可以在 24 小时无人看守的情况下正常营业，即使店铺销售额惨淡，未投入过多成本的店主并不会有多大损失。这样的低沉没成本使得女性在创业初期的心理压力，以及创业中的经营责任压力都得到了一定的缓解。不论是主业还是副业，都能实现家庭与事业的兼顾，从而打破传统工商业环境中阻碍女性创业最大的难题——如何兼顾家庭。而互联网经济打破了时间和空间的性质，从业者不需要在特定的时间，进入特定的地点进行工作，而是跨越时空边界、随时随地实现与市场的连接，从而具有充足的自由来支配自己的工作状态。

最后，在社会关系方面，在传统工商业社会中，一个多元化的、以理性为基础的社会关系是必然的社会资本条件。这在传统工商业社会中也许是正确的，而互联网时代建构出的跨时空人际关系打破了这一固有逻辑。一方面，网络信息技术让信息检索变得更加快捷，女性在创业初的信息获取阶段，不仅能依靠熟人关系得到信息支持，也能通过网络搜索所需的关键信息。互联网突破时空限制的连接也让女性能更好地利用熟人关系。以往不利于事业发展的非正式关系，在打破地区限制的网络交流里成为女性创业的重要契机。许久未联系的同学、远方的亲戚、朋友的朋友，都能在不见面的情况下为女性创业者提供信息资源。

以往的女性创业研究认为，女性在创业过程中遇到的困难之一正是社会关系资源的匮乏。许多创业女性的社会关系资本大多是传统亲缘关系，她们的信息与机会主要来源于亲朋好友和老同事，这些人的忠告对女性创业策略的制定非常重要。然而，女性创业者所构建的这种社会资本是先赋的、非正式的、非理性的社会联系，较少是理性能动者之间相互作用、相互博弈的结果，因而无法成为正规的社会网络，使得女性无法进入男性创业者主导的更高层次的圈子。传统型的熟人关系在互联网时代发挥着比以往更重要的作用，女性的所谓社会资本劣势得到了一定程度的弥合。

与此同时，以关系构建与维持为核心的情感劳动也是互联网工作重要的一部分。比如，自媒体与主播既需要与合作商家有效沟通，也需要在展示平台中维持与粉丝的关系，用亲密的昵称、热情的表情拉近与粉丝的距离，并控制自己的情绪，塑造符合粉丝情感需求的形象。这种建立信任关系和情感联结的需求，在微商、代购、依托平台的渠道商与服务商中更加凸显。店主需要与客户保持亲密的信任关系，甚至将陌生客户发展为熟人关系，通过提供信息资源招揽客户。

互联网在赋予创业者低门槛、去技术的准入标准时，对创业者的情感动员能力提出了极高的要求。女性需要通过情感性话语，制造出与消费者的亲密距离，而这正是女性相较于男性更加擅长的。亚南认为，在许多互联网行业，女性的优势是高于男性的，"因为同理心和敏感度更强，一是对客户产品需求有更细微的感知，二是更能理解想要创业人的心理，有利于招商"。女性气质，或者说社会给予女性的角色期待，在这样的创业环境中成为优势，进一步增加了女性在互联网中的不可替代性。女性在创业过程中遇到的传统与现代间难以缓解的冲突，也在情感劳动的实践中得到化解。值得一提的是，情感劳动难以量化的问题在互联网数据可见化中得到解决。不论是视频播放量还是商品成交额，通过平台后台公开的数据，女性的劳动被具体化，女性从业者可以直接感受自我劳动成果。相对于实体经济，女性的工作内容得到了充分的量化，因此有效规避了因不可见性带来的感知价值受损的风险。

在互联网平台的创业空间里，许许多多在家的妈妈们，正通过数字信息，缩短商业机会识别时间、拓展创业机会搜索空间。同时，她们在互联网中敢打敢拼，树立了女性创业者的多元形象。对于大多数被家务困扰的妈妈而言，创业不仅出于谋生的经济动因，也出了工作带来的满足感，以及实现个人价值的精神需求。互联网平台创业的特征，消解了女性创业劣势，突破了传统社会规范与性别分工的障碍，缓解了女性面临的工作与家庭双重角色困扰，同时改变了社会资本在创业过程中发挥作用的机制。

正如前文所说，李瑶所定义的"自由"其实也是所有进行互联网创业的人们的最大共同点，是其最愿意在自我创业故事中强调的特质。亚南、飘香和李瑶甚至更多的人都在塑造个人故事的过程中，有意无意地以"追求自由"和"逃避控制"为主线，并将其作为目前人生的关键主题。在这里，我愿意用"超越传统"一词去概括这些在家女性的创业状态。创业似乎是男性的专有词汇，成功创业的女性屈指可数。创业女性受制于人力、人脉、社会关系、性别规范障碍等，在创业环境中面临着一系列困难。信息科技革命为女性提供了一个能行使并享受平等权利的支持性环境，一个冲破规范、缓解冲突的平台，为女性创业者带来了新的机遇。处在过渡期的女性，正在冲破传统性别规范和就业歧视的互联网场域里，在愈加去性别化的平台经济中，作为独立的个体，超越传统，积极主动地发挥个人禀赋，实现个人价值，促进当代性别分工新形式的形成，也深刻地改变着当代社会发展的道德规范。

我的平台我做主：草根家政女王金姐的故事

梁 萌 [①]

编者按

在一个家庭生活日益私人化的社会中，家庭内照顾老人、病人和孩子的需求正日益增长，目前，我国至少有各类家政工人3000万名。他们是中国经济增长和家庭幸福的重要支撑者，但是他们却消失在各类经济统计中。金姐是千千万万家政工大姐的代表，她利用微信平台，建立日结小时工的微信小组，将家政工和用户紧密地联结在一起。联结彼此最重要的需求，或许是微信建立的初衷，正是在供求双方的努力下，日结小时工有了自己的空间，这既是供求关系空间，也是社会联系空间。

作为劳动社会学领域的学者，自学生时代起我就跟随导师和

[①] 梁萌，中国农业大学人文与发展学院副教授，2016年前后开始关注和研究家政。偶然之下与金姐的相识让梁萌感到很幸运，因为住家家政和小时工的主要特点都是劳动者身份的"碎片化"，而金姐的出现让她看到了那一束希望之光。

79

师姐们接触到了家政业及其从业者，多年经历的耳濡目染，脑海里不免形成家政女工的某种群体形象，她们一般来自经济落后的偏远乡村，往往在突遭家庭变故或需要现金支撑家庭生计时才被迫远走他乡外出谋生，却又因为自身较低的教育程度和有限的技能与资源，落脚在城市的工作起点只能是报酬低但较为容易进入的保姆、保洁等家政工种。因此，虽然很多家政大姐靠自己的双手和多年的辛勤工作，支撑家庭渡过难关，抚养儿女长大成人，甚至自己也能在年老之时最终功成身退、体面还乡，但她们自己却从不会在熟人面前公开自己的职业身份，始终认为做家政是一件"没有面子"的工作。公众意识中家政是"伺候人的活儿"的传统偏见，以及她们在工作过程中被中介、客户不公正对待的经验，也使她们加深了对这一工种居于社会结构底端位置的认知。因此，虽然是家庭生计的主要贡献者，她们却始终对自己的工作经历讳莫如深。

然而，一次偶然的机会，与微信日结小时工金姐的相识，打破了以上我对家政女工的刻板印象。如果只看外表，金姐是一位典型的年已半百的山东大娘，齐耳短发显得干净利落，说起话来语速极快但吐字清晰、中气十足，给人的感觉是她在和你说话时已经准备好随时结束谈话，然后奔赴下一个场地去开工。但经过与金姐的几次访谈，以及两年以来在她的日结微信群中和朋友圈里的长期观察，我却发现与一般家政女工对自己工作的心怀芥蒂不同，金姐是带着自信与自豪，非常高调地展示自己的工作日常，"今天早上 6:00 就已经到达客户家啦，现在收工准备坐地铁回

这是在通州做过的深度开荒，客户对我们非常满意，也谢谢客户的信任🙏

金姐展示的工作成果以及她的日常工具

家""今天在这里工作（会配一张工作地小区的风景照片）"，"今天的工作成果（会附上两张前后效果对比图）"，她也会晒自己与其他家政工姐妹、派单老师的聚会图片并热情地邀请大家都来参加，俨然行业里一呼百应的女王。最让人意外的是，她竟然能将自己以前一直在工地和工厂打工的丈夫也一并带入了家政业，组成夫妻档，相互扶持一同打拼。金姐这与众不同的高调——从家政女工到家政女王的认知转变，极大地引起了我的兴趣，也启发了本文中对她及其背后微信日结工作的关照。

金姐的故事

2020 年的 1 月，我当时正在做一个有关平台家政的访谈调研，那天我也从 Y 平台上约到了一位年轻的小时工，因为场地限制，我们约在了我家小区的物业会客厅。北京的 1 月正是最冷的时候，这个大厅不时有人开门出入，厅内的温度很低，聊天的时候我们都戴着帽子、穿着厚厚的羽绒服。但艰苦的环境条件并没有影响访谈效果，我们年龄相仿又都是孩子的妈妈，有很多共同的话题。我们聊得非常投缘，访谈进行得非常顺利。在访谈结束即将告别的时候，我们互相加了微信，这位小时工也十分贴心地提醒我："梁老师，你以后找我们小时工聊天不要在平台上花钱了，我有一个群，里面都是小时工，我拉你进去。"没想到，正是借由着这位小时工的引荐，我进入了一个通过微信群接单的隐形工作世界，这是一个隐蔽在公众视线之外，区别于家政门店、平台家政企业的由小时工和派单老师自发组织起来的去中心化的微信社群。

在第一个微信群里，我结识了群主金姐，在与金姐联络的过程中发现，她手里有约 2000 个小时工的微信联系方式，并自主建立了几十个小时工微信群，帮助大家接单，也组织大家闲谈，圈里面谁有难事也会找金姐帮忙解决，逢年过节甚至会组织 AA 制的线下聚餐。我之前在群里做的一直无人问津的问卷调查，只要金姐一声招呼，大家很快就帮忙填好了。金姐在微信社群中的影响力让人吃惊，这种在社群中自发形成的领导力更使我叹服，从她身上我依稀看到了家政女王的风范，而她本身却也仅是一名背景普通的高龄家政从业者，金姐身上两种身份的重叠与反差，使我困惑又好奇，于是，正式预约了与金姐的访谈，意图了解这位草根家政女王的生命故事。

我53岁，出生在东北。我家老一辈都是东北的。老公的老家在山东，我们结婚五六年以后才搬到了山东。在山东住在村里，我们家里有地。现在是给别人种。

六年级上了4天后，我就不上了。那时候我学习不好，语文还行。不念书了就在家做饭。我有3个哥哥，还有一个弟弟，我们家里一共5个孩子，我是家里唯一的女孩，所以小时候我被家人宠着。我爸和我妈还有哥哥们下地干活，一般不用我下地。

事实上，在平台家政产生以前，我国家政行业的从业者的典型画像，正是来自农村的已婚大龄女性，且教育程度一般在初中及以下。金姐的情况与这一群体的特征完全符合，唯一幸运的是金姐的原生家庭有多个儿子，她是唯一的小女儿，这样的家庭结构使她免于遭遇那个时代女孩普遍面临的重男轻女的家庭抚养模式，反而因为女孩的身份获得了家庭的宠爱。在访谈过程中，当我们谈到与客户、派单老师的相处关系时，金姐几次提及了这段经历，预示着这样的成长经历与成年以后自己的处事风格之间有着千丝万缕的关联。

金姐最初进入家政业是以住家保姆的身份，而这也是很多初入行家政工的一个普遍选择。住家保姆的食宿问题都在客户家解决了，会大大节约打工成本。

　　我和我老公结婚五六年以后到了山东，那时候也有了孩子。孩子都是我自己带的，反正那几年也没挣多少钱。孩子大了，他爸在家种地，孩子上学。那时候家里困难嘛，种地也不出钱。刚好我哥哥在北京包工地，缺做饭的，让我来这做饭。做了 4 个月饭之后，我哥哥就介绍我干保姆。后来，孩子他爸就进了我们当地的厂子，我不愿意进厂子，我那时候不是干住家保姆吗？我觉得住家保姆轻快，又当月开工资。

　　一般情况下，住家保姆都是做六休一，即每周休息一天。但在这仅有的一天休息日里，一部分家政工也没有真正休息，而是选择接一些零散的小时工订单，最大化地利用外出打工的时间赚取养家糊口的报酬。在微信日结小时工群里，也同样存在着为数众多的此类兼职小时工。

　　这一晃，我在北京已经 12 年了。我这些年主要是做住家保姆，做住家保姆休息的时候也兼职做小时工，就是利用休息的时候或者下户的时候干活。从大前年开始，我全天干小时工了。因为后来这几年干保姆的时候老让我下户，现在干着干着就干习惯了，还不愿意上户了。

在传统家政行业里，家政工到了 50 岁会被视为到了一个门槛，客户和门店虽然不会明确表达，但是却会以更加消极的方式对待这类求职者。金姐故事里"后来这几年"的频繁下户实际上正是遭遇了这种不成文规定的潜在影响。与此同时，伴随着平台家政企业的发展，将"50 岁"的问题进一步公开化和明确化，在平台上超过 50 岁是无法注册成为接单的劳动者的。因此，到了 50 岁左

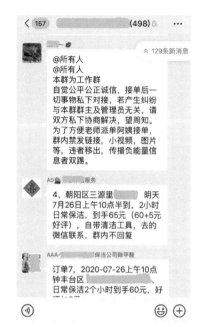

某微信日结群派单信息

右的金姐，实际上住家保姆和平台家政的路都已经走不通了，好在曾经作为贴补家用的次要选择——微信兼职小时工渠道仍然畅通，于是，这自然而然地成为金姐唯一的选择——全职微信小时工。

×平台直接派单是 50 元一个小时，但是，微信小时工派单没那么高。今天我干的派单的活儿才 40 元。好像 × 平台发到微信群的都便宜，本身就价低，一般群里发的价比较低的都是 × 平台的单。（那为什么不报名去平台接单？）× 平台只要年轻的，我虚岁 53 岁了。

上半年我还在 × 平台注册了一个账号（以店主的身份），后来我把它卖了。因为咱们自己是外行，不懂这个（平台运营），还不如接点活儿干。

作为行业里的资深 员，金姐很清楚微信日结小时工的单价是比较低的，微信群里的订单大部分来源于平台家政二次分配给家政门店的低价单，门店的派单老师派单还要抽取一定费用，这就使得最终到手的小时费要远远低于平台家政小时工，甚至低于门店内长期合作的小时工。金姐也曾尝试突破这种局面，自己在平台上注册了一个家政运营账号。据另一位家政门店的经理透露，注册一个这样的账号并开始运营要投入 3 万元的本金，可见金姐想要寻求出路的决心和魄力。但苦于既缺乏实体管理经营的经验，也没有处理网络广告竞价排名的技能，这次尝试只能以失败告终。

金姐十几年背井离乡，独自一人在北京打工，与丈夫、儿子长期分隔两地，所幸劳动所得让家里的日子逐渐有了起色。夫妻俩已经在家附近的县城贷款买了楼房，也添置了一辆十几万的家用小轿车。在山东，这两样是男青年娶亲的标配，也是为人父母者需为子女尽到的最重要的责任。

我们家是山东农村的，但现在我们就在县里住，因为我们在县里买了楼房，有贷款的，一个月还 3000 多元。我儿子 30 岁了，也没工作，后来也来北京了，来北京之后去拉萨了，给人拉网线，现在一个月能赚 7000 元，但我们孩子赚的钱也就够他自己花的，他攒不下钱。虽然还没有女朋友，山东男孩结婚婆家出的钱还挺多的呢，不过反正我们楼房、车都有了。那车是什么牌的？我也不知道，十几万呢。这个车也不为赚钱就是平时自己用的。

金姐一家三口平日里都要外出打工，只有春节才会返乡居住几天，因此吊诡的是，重金购买的房子与车子一家人却难得享用。在某种意义上，房子和车子成了一家人当下对幸福生活的一种想象和向往。贷款作为这个家庭每月刚性支出的核心部分，更使得整个家庭的脆弱性增强，只要贷款还在，只要还需要打工供养家庭，一家人就难以在县城里安定下来，就必须继续在外漂泊。这也导致新冠肺炎疫情下，金姐家经历两个月的等待后不得不冒险回京开工。偿还贷款几乎掏空了金姐夫妻俩的日常收入，他们鲜有积蓄，即便将来回到县城的房子居住，老年生活的物质保障仍然堪忧。从家政行业总体发展来看，家政服务市场化发展之初实行的是非正规就业的灵活用工模式，无论是中介、客户还是新近出现的平台家政企业都没有与家政劳动者签订正式的劳动合同，家政工也因此普遍无法在现有劳动法律法规框架下享有相关社会保障，工作中的风险缺乏工伤保险、医疗保险的保护，年老后没有基本养老的支持。

平时，我和老公的工资加在一起，还房子贷款没问题。但 2019 年上半年他受伤了，一直到 2020 年 3 月 23 号才到北京和我一起干小时工。

没有疫情的时候我一个月也得挣个五六千吧。再刨去房贷3000元，房租600元，还得吃饭、坐车，一年也攒不了多少钱。去年我一个人打工，一个人挣钱，算上房贷，还有这边的房租、水电费，吃喝拉撒睡反正是够了，也没剩多少钱。我们俩在老年也没上啥保险，就有个合作医疗。

因为家庭的负担，金姐夫妻最终团聚的方式并非回到家乡，而是将丈夫一同带到北京来继续打工。

我在北京十多年了，而他在山东打工，我们都这么大岁数了，分开这么些年了赶紧聚到一起。他之前在我们本地食品厂，后来跑去干拆迁了，刚起步就受伤了，现在和我一起干小时工。

带老公入行家政业，这一点从金姐的个人角度看来可能无关紧要，但如果与家政行业从业者整体女性高达90%的比例相结合，我们就能发现，除了对家庭财产的贡献外，金姐多年的家政从业经验显然也提升了她在家庭的地位与影响力，使身为男性的丈夫愿意打破职业性别隔离的桎梏，进入传统上被认为主要是合适女性从事的家政业。不仅如此，夫妻两人共同劳作的经历使丈夫更进一步意识到金姐工作的艰辛，从而也打破了家庭内部男主外女主内的传统性别分工，与金姐一同分担家务劳动。这一点对于传统观念较重的金姐丈夫来说，尤其可贵。

组建微信群：草根家政女王是如何炼成的

金姐在微信小时工社群内的地位，有日积月累的必然，也有个体性格和思维方式的偶然。

大概几年前吧，那时候我还在户上，我的第一个小时工日结微信群是有人把我拉进去的，第二个群也是别人拉我进去的，那时候我是双休，利用双休的时候干日结，他们建群就会往里面拉人。慢慢时间久了，他们就会给我红包，让我帮他们往群里拉人。后来，我就干脆建了自己的群。现在光我自己建的群就超过10个了。

就这样，金姐不断积累，最终组建了数十个微信日结小时工的派单群，金姐也义务承担着这些群的日常管理责任，如作为群主审核入群申请、将违规者踢出群、在群内出现争议的时候出面劝解、面对严重事件还要做出决断。金姐还组织了"兄弟姐妹聊天娱乐群"——一个不派单专供小时工们吐槽交流的微信群，每到夜晚收工以后或者某天休息时，金姐都会出现在群里，亲切活跃地和大家聊天。

在业务方面，金姐也通过在社群内的高人气而得到了广泛的认可，虽然她给自己定下只接4个小时以上大单的接单原则，对订单的要求相对挑剔，但她总能将自己的工作时间排满，也就是

金姐创建的微信日结小时工聊天群

说派单老师也同样认可金姐的业务实力和社群地位，给金姐派单方面的优先权。

虽然都是小时工，别人都是在群里每天等着找活。但我每天不缺活，天天有活，我基本上每天从早上5:00就开始，一直到晚上八九点钟才到家。我这个人实在，一般情况下，干活也干得干净，不会糊弄。派单老师都了解我，我在群里说一句话，他们不给别人就直接给我。

我所有的单都是从微信群里接的。有的是老师直接派的，反正我看哪个老师发的单子适合我，我就给他发语音，他直接就给我了，别人说要去也不行，也是直接给我。我一般都是接4个小时以上的单。

其实我也没什么能力，但大家有什么事都找我，你看我现在的微信里1900多（人）了。

当然，金姐除了联系着数量庞大的小时工群体，在微信群内拥有较高的人气，她的社群地位还表现在每年组织派单老师和群内小时工们的定期 AA 制聚会，将线上的虚拟互动引申到线下的面对面交流，增进各方的相互理解与信任，每次聚会金姐都会在朋友圈汇报，也给了我持续关注的机会，2020 年初到 2021 年的年中至少有 3 次这样的聚会。除此之外，她也是社群里资源与信息交换的重要节点，例如，帮忙转让在 × 平台上的店铺账号，发布培训学校的免费培训信息，联系保洁工具的买卖，等等。因此，虽然金姐的背景的确是千万家政从业者的典型画像，她却凭借平和、中正和诚恳的为人，以及热情积极的行事风格，从众多微信日结小时工中脱颖而出，成为其中的佼佼者，成为被社群自发认可的高人气和多资源的草根家政女王。

即便是社群内的草根家政女王，履行社群内职责并不会带来相关的收入。金姐仍然需要作为一名普通的微信日结小时工，通过拿到派单获得收入。在这个过程中，和金姐有关好评的讨论引起了我的关注。虽然家政业整体比较注重客户的反馈，但小时工明确要客户给好评，以及好评与劳动报酬直接挂钩的情况则主要始于平台家政企业的运营机制。在我们对平台家政调研的过程中，平台小时工们对好评的问题极为重视也满怀抱怨，甚至有一些平台小时工为了避免被"好评"制约，最终退出平台家政企业而选择成为全职微信日结小时工。从金姐所谈到的情况来看，微信日结小时工虽然不隶属任何企业，不受企业规范的直接制约，但由于其大部分订单来源于 × 平台，为了维持门店在平台上的评价星级，派单的门店也同样对订单的好评开始有所要求。

其实一般情况下我不怎么会说话，有时候客户和我聊的话我就聊几句，一般情况下我从来不瞎聊。干活的话，客户说从哪里怎么打扫，我就按照他的意思打扫，客户有时候挺满意的就给一个好评，但是得了差评就对派单老师的门店在 × 平台上再接单有影响，如果好评多的话，说明这个公司做得好、单量多。要不怎么都要好评呢？所以说客户惹不得，怕他给差评，现在不就怕差评嘛。

所以，虽然微信日结群看似形成了脱离于行业巨头——平台家政企业的管控，实际上却并不是家政工们完全的世外桃源。

在这一好评的追逐机制下，金姐部分订单的工作也开始受到影响，这不仅涉及家政劳动过程中的态度和效果，也涉及劳动者对自身身体机能和日常生活节奏的隐忍改变。

我去年遇到过一个有洁癖的，这个人和我还是老乡呢，说话说得还挺好。但我上趟厕所的时间就给了我一个差评，这个差评后来老师解决了。一般在客户家上卫生间没有问题，但是需要提前打招呼。我在他们家干了 4 个小时，憋了将近 4 个小时，干完活了我想上个厕所。他同意了。等我走了他就给我差评了，打电话也不接。

在外面干活还存在吃饭的问题。一般我会自己带着干粮，有时候带点烧饼。有的客户还管点饭，管的话就吃，不管的话就自己带点干粮。上一个活儿干完之后，下一个活儿还得着急赶路，在路上没法吃，都得戴着口罩。

即便是社群中的草根家政女王，也无法获得任何特权。作为一名完全靠小时工养家糊口的劳动者，金姐在工作中既要小心翼翼地应对客户，也要斤斤计较地计算劳动中的成本得失，只有勤勤恳恳、兢兢业业地工作，才能最终获得虽略显微薄但也能让人感到踏实的劳动所得。这就是金姐，一位普通微信日结小时工，一位叱咤微信日结社群的草根家政女王。

平台经济与微信日结小时工的边缘位置

一直以来，我国家政产业主要以中介制为主，即作为中介的家政门店通过搜集和匹配客户与家政工的信息，从而达成家政服务的行业发展模式。在这种模式下，家政工的劳动关系一直是模糊的，因此整个产业主要以非正规就业为主。

到了 21 世纪初，随着互联网技术与传统服务业的结合，平台家政企业应运而生，在资本和技术的双重加持下，拓展信息渠道，提升匹配效率，劳动者的收入因此得到大幅提升。这些企业投入大量培训资源，推动了家政工作的标准化与职业化，吸引了大批年轻、教育背景较好的从业者，从而迅速占领了中高端家政市场，掌握了家政产业的话语权，如订单的定价权、服务的评价机制等都逐渐成为整个行业的新运营标准。但除此之外，劳动者仍然与平台企业签署的是信息服务合同，其非正规就业的状态并未因此改变。

按照一般的发展逻辑，平台家政的迅猛发展势必会威胁到作为传统中介的家政门店的利益，同时由于平台企业对从业者年龄需小于 50 岁的规定，使得很多传统家政业大龄劳动者被排斥在新潮流新业态之外。面对我国庞大的家政业市场，平台企业选择了双重发展策略，直接隶属企业的平台主要面对中高档价位家政需求，由企业直接派单给平台内的家政工，而将中低档价位的家政需求通过另外建立的面向传统家政门店的平台发包给在上面注册的家政门店，费用交易和评价机制仍然以店铺为单位、基于该平台进行，订单则由店铺具体落实到个体家政工，从而达成服务。

这样一来，平台企业以最低成本却最大可能地将整个产业的发展纳入企业的掌控之中，进一步拓展了对整体行业的影响力。但同时，一方面，家政门店的订单地域范围扩大、可预见性变低，时常需要编外的、机动的小时工来应对突如其来的或棘手的订单，另一方面，那些年龄即将或已经超过行业从业年龄限制的劳动者

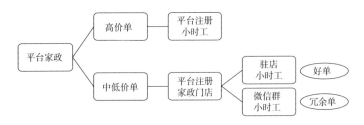

平台家政企业订单分配流程示意图

也亟须找到一种平台和门店掌控之外的可以继续养家糊口的途径。微信日结小时工正是基于双方共同的利益诉求，在我国智能手机和社交软件等互联网技术普及的支持下逐渐形成的。

虽然金姐所属的微信日结小时工仍然处在平台生态中，但由于这是一种间接的订单传递方式，金姐等微信小时工仅在较小的程度上受到平台化管理控制的影响，也使像金姐一样的小时工们有机会开拓另一种工作的模式。在这种模式里，各方主体基本形成一种平衡平等的互动关系，订单的发包方派单老师也不能如平台派单一样单方面地发号施令来实施严苛的管理，也要为了与小时工的长久合作关系而建构稳定和谐的人脉关系，小时工们根据各自的需求而设定了自己的接单原则，又与数量上较为丰富的微信日结群中多元化的订单类型相结合，使得相互之间形成了并非竞争而是互助的同业关系。也正是在这里，金姐在收获了源源不断的小时工派单的同时，也编织和积累了自己的职业发展网络，既惠及了无数与她情况相似的工友，也收获了大家对她的认可以及在行业内的影响力。这些反过来成为金姐自我认同的重要基础，她的自信与自豪都建立于此。

反观平台管制之下的小时工，基于数据匹配精准对接客户与劳动者的"效率"话语，建立起了对劳动者重重管制的生产体制。一方面，平台的派单方式是单方向指派型的，平台小时工必须在一定时间内接单，没有拒绝订单或者协商的可能，因为订单在时间和空间范围上的合理性都是由算法决定的，小时工只能听命行事；另一方面，平台设定了客户在平台软件上的评价机制，这个机制仅给了客户评价权，小时工群体没有对等的回评或申诉的渠道，并在此基础上设定了较为严格的罚款措施。因此，平台在赋予客户单方面的"好评"机制的同时，也进一步夯实了家政业中客户与劳动者的不平等互动关系。平台对劳动者跋扈且不容协商的订单任务指派，进一步建构了家政女工在行业中和社会结构位置中的被动与底层特征。在这一过程里，虽然部分家政工在经济报酬上有所收获，但也将在自我认同和评价方面付出相应的代价，平台家政工的职业认同与评价也因此没有得到本质上的改变。

互联网产业的发展以科技改变世界为理念，当其与传统服务业相结合，人们期待着能够带来颠覆行业积弊的根本变革而不仅仅是经济收入的单方面提升，因为前者才是推动家政等传统服务业向现代化、职业化发展的可持续基础，更是在微观实践中客户获得优质服务效果、劳动者享有高质量工作环境的重要保障。因此，虽然家政平台企业将技术等新要素作为家政这一古老行业发展的新动力，但技术的进步仅止于经济层面的效率提升，却没有构成对社会结构和社会关系层面的挑战与反思，平台仍然遵循甚至深化了行业中既有的不平等关系。相比之下，微信日结小时工虽然承接着行业中的低价订单，但也因为脱离了平台而享有接单自主权，且"好评"也仅通过门店的派单老师间接地起作用，因此微信日结小时工享有一定程度的劳动自主和自由，而这也让金姐产生了对其工作的认同与自豪。

第二部分

服务经济的拓展

我是女主播

李思妤　苏熠慧 [1]

编者按

在我的认知中，主播都是带货者，后来我才知道有这样暧昧的名称——"女主播"。网络上流传着各种有关"女主播"在线陪聊、线下相约见面后把人诱入陷阱的传闻；但现实中，女主播们拿着他人编写的剧本日复一日地努力表演着。中国互联网网络信息中心发布的消息称，截至 2020 年 12 月，我国网络直播用户达 6.17 亿人，真人秀直播用户为 2.39 亿人，占网民整体的 24.2%。从事主播工作的人群中，女性占比 80% 左右。女主播们是即时表演者，"秀"是对她们工作最好的诠释。她们通过秀制造出休闲娱乐内容，通过与消费者互动，猜想、营造和智慧地迎合消费者的欲望。

---

[1]　李思妤，上海财经大学人文学院硕士研究生；苏熠慧，上海财经大学人文学院副教授，长期从事劳动社会学的研究。本文根据李思妤的主播经历而来。

"一次转身，一次梦回，我一直在这里等你，寂寞了，就来吧。"

直播间的装饰标语上，粉红的字体闪着星星点点的荧光。女主播 Lisa 马不停蹄地打着字，观众不断地涌入她的直播间。在连续微笑和说话两个小时之后，Lisa 仍然亲昵地问候那些被她称为"大哥"的观众们，她真实的笑声伴随着 App 内置的"罐头笑声"，让人分不清虚实。突然，界面上出现一个蓝色的烟花和恋人的卡通形象，占满了整个屏幕。"哇，我从来没见过这个特效！太好看了，必须得截图发动态，谢谢林哥！"Lisa 一边娇嗔地笑着，一边带领自己的"家里人"赢下了直播的 PK。

在这款热门直播 App 里，每天都有成百上千名主播在重复这样的直播过程，她们被称为"秀场主播"。和游戏主播或带货主播不同，她们主要靠聊天和歌舞来获得观众的虚拟礼物，以此换算并获得相应的报酬。看着这些"秀场主播"的微笑和闪烁的屏幕特效，我的脑海里总浮现这样的问题：她们是怎么劳动的？她们真的如传闻一样能一夜暴富吗？

在好奇心的驱使下，2021 年的冬天我也签约了 Y 平台，正式成为他们的"秀场主播"，并据此写作了毕业论文。

被凝视的"身体"

在签约之前，我并没有意识到"成为主播"意味着自己的"身体"即将被"围观"。因为网络上随处可见的 Y 平台招聘广告内容与"身体"毫无关系。

> 招募娱乐主播：保底 3000—6000 元
>
> ·有无才艺均可，在家就可直播
>
> ·新人无经验也可以（会有经纪人负责教你直播）
>
> ·具体直播内容：聊天（有才艺可以表演才艺）

阅读完以上招聘内容以后，我觉得自己完全符合要求，便毫不犹豫地通过兼职超话和找工作超话加上了几位 Y 平台主播经纪人的微信。但让我惊讶的是，经纪人的第一句话就是索要照片。在看完我的照片后，他们迟疑了，理由是我的形象"太学生气"。"直播这口饭不是什么人都能吃的。"显然，他们对我的"身体"不太满意。

在我的再三努力下，一位经纪人终于同意把我的账号拉进公会，开始了直播培训。在这个培训中，主播经纪人不断地纠正我的"身体"形象。"上半身要尽量都在镜头里面，明天换一下衣服，可以露出肩膀的那种衣服，妆尽量浓。"我这才明白，在他们眼中，我的"学生气"是没有"性吸引力"。他们在平台上打造的是一种相对于"学生气"的"成熟"形象。这种所谓的"成熟"，就是展现"性暗示"的形态和表征。例如，在镜头下大幅度前倾扭动上半身，展示胸部，化浓妆。米歇尔·福柯（Michel Foucault）在《规训与惩罚》中提到，身体可以成为权力的对象。权力通过规训和纠正身体的姿态来实施对人的控制。对于女主播来说，当她进入直播平台的那一刻，她的身体便已经进入了权力的牢笼。她的身体不再属于自己，而是一件被经纪人和平台锤炼、形塑和包装的商品。这个商品被进行标准化的加工之后，以一种资本想要展示的形态呈现在观众面前，成为观众们凝视的对象。

即便万般不情愿，我还是在主播经纪人的监视下，开始了对自己"身体"的改造。每天夜晚降临之前，我都会花上半个小时的时间进行准备：化妆，戴美瞳和假发，选择滤镜，在直播平台内置的选项中对眼睛、下颌角、鼻子、肤色、嘴唇、颧骨、脸型等近 10 个选项进行调整。按下直播界面上的开播按钮后，我的第一场直播正式开始。大概 10 分钟之后，观众数量超过了 10 个，其中还有几个 7 级的平台长期用户，直播间闪烁的观众入场提示不断提醒我，屏幕的另一端有人正在凝视我的面部和身体。

"主播晚上好，喜欢主播。"

"你多高？"

"看着不大，还在上学吗？"

看着这些对话框中的问题，我和其中一位观众聊了起来。他31 岁，当他离开直播间时，我的直播间多了几十块钱的礼物和几十个关注。看着这些屏幕上的数字，之前的对话仿佛像泡沫一样从我的记忆中蒸发消散。大部分的时间，我都对着镜头，编织着一串串零碎的对话。"哇，谢谢礼物和喜欢，你成了我礼物榜的榜首哦，喜欢我的话可以点击关注，你可以在下午和晚上两个长时段见到我。"我学着其他主播，努力对镜头那头凝视着"我"的人作出亲切回应。一开始的我，对于被"凝视"这件事情极度不适，但慢慢地，我发现自己已经开始将"主播"这个身份变成我生活的一部分。神奇的是，一旦认同了自己的主播身份，在无数次的虚构和伪装之后，仿佛就可以真的成为这个感性、外向而又善解人意的角色。

在开始直播之后的第二个星期，我认识了 Neo。Neo 有着姣好的外形和歌唱技能。她在线下的身份是一名在校学生。我是在平台的 PK 游戏中认识她的，互加关注之后，她告诉我，假期的时候她就会偶尔直播，仅仅是"玩儿"，后来，因为疫情防控期间被困在家里，才开始每天长时段开播。她说，"自己没想过用直播挣钱，但做得还不错，粉丝数也涨得快，也许可以长期做下去"。作为平台和观众都喜欢的"美丽身体"，Neo 目前的粉丝数在 3000 个左右，平均每周直播 3—4 次。但她仍然苦恼，"我觉得自己不是长得比不上她们，而是没办法像她们一样拼，我不高兴就不播了，人家全职的付出多当然回报也多，而且直播是有套路的，不知道自己能不能行"。

当谈到毕业以后的打算时，她在聊天对话框里打出了好几个大笑的表情，发了一个叹气的表情包，"我以后肯定要找工作呀，直播有的时候非常无聊，你不觉得吗？我都要被'榨干'了"。Neo 不敢把自己利用空闲时间做主播的事告诉父母，"他们会以为我在做什么见不得人的事，觉得直播就是不正经，我只告诉他们我是在和朋友聊天"。在成为主播的几个月时间里，我和好几个像 Neo 这样的主播成了账号互关的朋友，她们的年龄都在 20—25 岁之间，有的是学生，有的有固定工作。直播把我们的生活串联到一起。在平台上，我们的"身体"是被经纪人和观众凝视的对象，而我们的日常劳动内容——聊天——则让我们成了情感的"贩卖者"。

被贩卖的"情感"

阿莉·霍克希尔德（Arlie Hochschild）在《被管理的心》中提到，服务业劳动者与制造业最大的不同，在于服务业的劳动主要是人与人的互动，而劳动者将"情感"的控制权卖给了公司，其压抑和流露都必须按照资本的规定而来。这些有的时候甚至与劳动者真实的情感相冲突的被资本所操控的"情感"，被霍克希尔德称为"情感劳动"。在霍克希尔德看来，"情感劳动"的本质是一种被资本操纵的"表演"。对于每个女主播来说，她的主要劳动内容就是和观众互动。她的互动需要带给观众"情感和亲密关系"，正如霍克希尔德所说的"情感劳动"。每个主播一入职，就会由平台的主播运营教授一整套常规的话术和暖场技巧。主播通过学习这些话术和暖场技巧来开启自己的"表演"。

在 Y 平台上，80% 以上的主播都是女性，而女主播既在"前台"进行"表演"，也在"后台"进行"表演"。所谓前台表演，是指女主播在直播间面向所有观众，以聊天为主要形式的情感表演，主播的一颦一笑通过图像和声音与观众发出的实时信息进行互动；所谓后台表演，是指在结束直播后，女主播私下仍然需要在后台继续付出额外的时间和情感来加深与礼物榜前几名"专属大哥"之间的关系。

在前台表演的过程中,女主播和观众的互动虽然会穿插唱歌、舞蹈等才艺环节,但是即时的日常聊天仍然是占据大部分直播时间的内容。在新手期,每一个进入直播间的 10 级以上的观众,都有可能被发展为长期刷礼物的"大哥",因此我在直播时必须时刻注意,对每一个关注和礼物予以回应。直播间中的信息非常多,有的时候读漏了一条消息,或者回复慢一点,观众就会觉得受到了冷落,一会儿就退出去了。我的直播经纪人时常说:"观众是来找消遣、消磨时间的,刷礼物只是给你的奖励,你一定要持续为他们提供情绪价值才可以。"主播的劳动目标,是利用自己的身体容貌和情感表演技巧来制造竞争,让所有观众都产生"买断""独占"自己情感表演的欲望。根据我的体验,主播需要依靠自己的情商和话术技巧对观众在聊天区打出的短短一段文字做出快速回应。聊天的内容涵盖我虚构的个人生活、观众的生活、直播圈八卦、平台最近新出的玩法、社会热点等多个方面。

对于男性观众的冒犯言论,主播也要尽量消化甚至调侃。一次,一位观众在直播间打出了一段俄语,说自己曾在俄罗斯待过一段时间,问我知不知道是什么意思。当时我正好把聊天的话题都用光了,出于好奇,也为了迅速抓住这个切入点,调动直播间的气氛,我嘻嘻哈哈地当着其他观众的面打开了翻译软件,而下一秒,跳出来的翻译结果,却是一个带有对女性极度侮辱意味的词语。那一瞬间,我控制不止自己的面部表情,一下子蒙了,感觉整个人像是掉入了冰窟——在此之前我从未听到过别人直接对我使用这一类的词汇。当我表现出自己的不愉快时，直播间的留言对话框中不断出现"哈哈你变脸变得挺快，有那么不高兴吗""主播生气了"等带有调笑意味的话。最终，我只能回应道："这个词我还真不知道。"而当这位观看者再次试图开启其他话题时，我选择了忽视，也许，这是我作为主播能做的唯一的反抗。当我把这个经历告诉 Neo，问她有没有经历过时，Neo 回答："我们和他们是朋友或者暧昧对象，这是收礼物的基础，就像朋友之间开玩笑一样，你要交这个朋友，能对他生气吗？"

聊天内容的碎片化使得女主播的情感劳动强度难以被精确衡量。在绝大多数情况下，当我深情地唱完一首歌之后，观众们马上问的都是我有多高，是否单身等问题，一下子把我拉回到现实，我需要一次次提醒自己，对于我来说，这不是朋友之间的聊天，而是一种付费甚至免费的表演。在这样的对话形式下，无论主播投入多少真实情感，都会在长时段的直播中消耗殆尽。

尽管下播之后主播仍拥有自己的私人空间，但是很多观众在刷了礼物之后，追求的是对主播前台表演与后台生活的同步介入。因此，为了维护关系以获得更多的直播收益，女主播们的情感付出需要延续到后台，将自己更加真实、生活化与体贴的一面作为专属礼物展现给"大哥"们，但这后台的情感付出又何尝不是另一种深度表演？在后台交往中，额外的情感付出实际上是一种礼物的交换过程。下播后要用"情义"等概念来加深后台联系。女主播的后台劳动日常还包括用各种手段照顾"大哥"的面子和情绪，让对方觉得自己是一个"有情有义""有难必帮"的人，从而维持与他们的长期关系，以期收到更多礼物。有的观众经常来我的直播间，但是，最近没有资金，又拉不下面子。所以，根据经纪人的指点，我就需要平常在微信上多关心他，让他长期关注我。但是，这种后台中的情感付出也使得直播劳动的时间失去了限制，有钱"大哥"无论什么时候发信息，主播都要尽量陪聊。平台会给高级别观众"盔甲装扮"和"抽奖返现"等象征着地位的福利，公会会在节假日给名单上的大哥送出祝福，主播则需要用加倍的时间和精力，运用温情化的表演策略作为回馈。

在后台的表演需要也有可能会滋生出风险。我问 Neo："如果非常有钱的大哥想要见你怎么办？你能够拒绝吗？有人微信骚扰你怎么办？"

"我现在只有这么几个粉丝，没人给我刷超大额礼物，我当然不会傻到去见面，微信也只加了几个人，都是撩我的。特别急迫的，我就吊着他，有一个我经常回他消息，他比其他人更'正经'一些。"Neo 觉得，在自己这个阶段，这些风险都不算大问题，似乎只有大主播才会因为纠缠不清的利益关系被迫和大哥见面。Neo在自己的一条朋友圈里以开玩笑的口吻提到，自己最近仿佛变成了"暧昧大师"和"海王"，在"为自己的池塘养鱼"。

在直播活动的后台表演中，主播们默认一切情感投入都是为了实际的物质回报，但是，在实际互动过程中，又要不遗余力地把金钱符号剔除，用情感纽带来掩盖被物化的关系。

尽管新手主播常常会因为被观看与赞美而感到兴奋。但事实上，观众喜欢的只是被平台内置的滤镜打造出来的标准化的脸庞，真正的直播产品供给者是平台。虽然不同主播的形象和直播风格各有不同，但是，直播软件通过内置技术手段对每一个主播的容貌都进行了改造。通过容貌、表情的打造和肢体语言的程式化表演，主播犹如一个个被流水线生产出来的产品。在这样的模板化培养方式下，面部的先天优势其实并不那么重要，通过美颜滤镜全方位的包装，你可以对自己的面部特征进行大幅度调整。这意味着直播行业的门槛低，任何一个想要成为主播的女孩都有能力把自己包装成理想的开播状态，资本对技术的运用使它得以从几乎每一个女性身上找到可供利用的价值。直播平台刻意制造出无数同质化的观看内容，而单一化的产品供给又无疑操纵了观众的视线——直播界面是如此狭小，无数屏幕后的目光只能散落在主播身体的各个部位。

直播间中大部分的对话语境都是高度生活化的，主播的应对会自然而然地流露出真情实感，但这种情感流露必然会被直播间每日重复的对话所消耗。为了应对平淡且无意义的对话，避免情感的过度损耗，主播们又会依靠情商将自己的表达力、对观众需求的感知力总结成一整套带有个人特色和故事性的话术，即使自己对观众的生活点滴毫不关心，甚至感到厌恶，主播仍然能够凭借自己积累的情感表演经验予以灵活恰当的回复。

在平台内置的直播参与机制下，一个个普通人被卷入直播产业的情感劳动与情感消费的运行机制中，被塑造成为直播的"生产者"与"观看者"。直播平台借助日益先进的互联网技术制造出了综合了大量感官体验和情感服务的直播产品，而身体和情感被商品化的女主播，成了直播产业链中最底层的劳动者。直播的确能够给主播提供自我展演的舞台，她们的劳动高度灵活和分散，被描述为"高情商才能胜任"。但实际上，直播行业对劳动者情商的过分期许已经变成无处不在的控制。

"游戏化"的日常

女主播除了需要在"前台"和"后台"进行"表演"，还要参与平台的秀场 PK 游戏。这种秀场 PK 游戏是 Y 直播平台内置的一个礼物比拼游戏，在 5 分钟的时间内，两个随机匹配的主播以票数对抗的形式进行拉锯战，暂时落后的一方会被要求完成扭腰、抖肩、下蹲等一系列惩罚动作，而领先一方的主播及其粉丝可以观看落后者的表演。PK 过程中，惩罚动作会根据票数的追赶在两名主播的直播界面间传递，此起彼伏的特效和主播的卖力表演都会刺激观众心甘情愿掏空腰包来帮助心仪的主播赢下这场比赛。最终，不论输赢，观众给主播赠送的礼物会换算为票数为主播助力，贡献出大额打赏的用户 ID 会进入荣誉榜，在 PK 场上滚动播放，极大地满足打赏者的虚荣心。

公会发给我的直播培训手册里有这样一段非常直白的话：

纯聊天的观众没有为主播花钱的动力，PK 就是一个花钱游戏。你和你匹配到的竞争对手主播就是游戏里的两个角色，目的是要让大哥花钱花得爽，让大哥有参与感。因为输了的一方会有惩罚，大哥们要么是心疼你不想让你输，要么是想看对面的主播做惩罚。Y 平台 80% 的主播收入都是通过 PK 来的。要把他带进 PK 里，让他给你花钱。

因此，秀场 PK 游戏是主播、观众和平台共同参与的一场狂欢，通过这场狂欢将货币从观众手上转移到平台囊中。这种集体狂欢最大的秘密在于，它让这场狂欢的所有参与者投入其中无法自拔，在包装成"游戏"的竞争中认同平台所制定的游戏规则。迈克尔·布洛维（Michael Burawoy）在《制造同意》里提到，资本通常将劳动过程组织成"游戏"来建立霸权。因为游戏的参与者一旦参与到游戏之中，就意味着他们已经认可资本所指定的游戏规则。

在我进入秀场 PK 游戏之前，主播经纪人和 Neo 都分享了技巧。依照他们的分享，我每次下播都会提前 15 分钟和粉丝打招呼，"我要下了，最后连一场 PK，大家来给我捧捧场"。用 Neo 的话说，"这么短的时间，喜欢看我的人肯定就在我这里待下去了，拿捏住他们的心理，聊点有意思的话题，观众一高兴，很可能会把所有的礼物额度都给我"。擅长 PK 游戏的主播其实就是抓准了男性观众的心理，告诉他们，在直播的世界中，主播是温柔体贴并需要被保护的，而男性观众强壮勇猛的特质只能通过礼物打赏的价值大小来被直接衡量。为了炫耀并维护自己的男性自尊，与主播熟识的"大哥"通常会满足主播的大部分礼物请求。

由于每天会匹配数十场 PK，为了冲淡乏味感，主播们还会在 PK 活动中制造出一种戏剧化的日常。这本质上是在程序化的表演剧本中加入"喜欢、讨厌、冲突"等强烈的情感和戏剧化的桥段，再通过和 PK 场上对面的主播合作表演的形式滚动展现在观众面前。

Neo 非常擅长玩 PK 游戏，她会在直播间隙给好友圈成员发观战链接，有时我一点进去，就可以看到 Neo 开心地在屏幕前比画着招财猫的动作，或者抖着肩膀向自己的粉丝和大哥们喊话拉票。她开玩笑般地对我说："整个过程就像演戏一样，如果战况比较激烈，她会故意挑事情，或者挑一个好玩的话题开始聊天。"因为主播通常会有一个固定一起玩的熟人圈子，但是，大部分人不认识对方，所以"大哥"们就会帮自己喜欢的主播出头。"我特别喜欢给对方开变丑特效，眼睛变小，下巴变大，"Neo 笑着说，两边分数相互追赶，会越刷越高，这样两边都有利，是朋友之间的合作。的确，在这种情况下，观众光是进直播间听听也会觉得很有意思，直播间的热度升高后，会有更多人进入变成粉丝。

在几个月的直播观察中，我发现，一些主播会和对手约好假装吵架，给无聊的观众制造谈资；会在数千观众面前哭诉对方在上场 PK 中趁自己的"大哥"不在，占了自己便宜；或者愤怒地讲述自己的粉丝团如何努力，却被对方偷袭，在最后一秒输掉。这种戏剧化的日常会为主播吸引大量看客，能为自己做出一份好看的直播数据，铁杆粉丝们也会多刷礼物来维护。有的观众会不惜一掷千金送出礼物，只为了让自己成为粉丝小群体中众人谈论的对象，博取主播的关注。受到直播间氛围的感染，观众们最终还会自发传颂某场直播 PK 中发生的传奇故事，"你知道吗，昨天的那场直播，一个神秘人空降，直接给 ××× 主播额度刷满，太牛了，这个礼物特效我还是头一次在这个平台见到"。主播和她的观众，就是在这样"直播—PK 游戏—直播—PK 游戏"的反复循环中自发为直播间创造出自己的传说和只有粉丝群体内部成员才知道的调侃黑话，直播间戏剧化日常的创作也可以加深主播和粉丝之间的情感联系。

"大鱼吃小鱼"的利润链条

整个直播产业是一个"大鱼吃小鱼"的利润链条。如果说女主播是"情感"的贩卖者，那么直播和 PK 游戏的规则制定者——"平台"，就是"最大的赢家"。作为规则的制定者，平台左右女主播的"情感劳动"，操纵她们在"观众"面前的表演，并通过游戏的方式让主播和观众纷纷卷入"圈钱"的游戏。这一切，导向的都是利润的分层，而在分层过程中，平台无疑是最大的获益者。在直播行业中，纯秀场直播平台的绝大部分利润都来自主播收到的礼物分成。观众为主播的"表演"付费，但这些费用却要养活主播背后的公会和平台。

每次直播活动，Y 平台的获利最大，主播获利占比次之，直播公会获利占比较小。我的主播经纪人对我说，直播平台肯定稳赚不赔。因为按照分成规则，不论是人气大主播还是自由人或普通公会主播，她们赚得的礼物和钻石至少有 50%—60% 会直接被平台抽取，当然平台也需要付出较高的运营成本。对于主播来说，从表面上看，加入顶级工会之后我们可以获得直播收益中几乎一半的收入。然而，合同中所谓大于 40% 的浮动自提比例就像是一个具有迷惑性的巨大幻影，因为这种收入首先是由虚拟货币来衡量的。一场 4 小时的直播中，像我这样粉丝数只有几百的新人主播很少会收到超过 1000 枚的虚拟货币，因此，只能换算为 40 元以下的收入，这与主播为此付出的时间和情感不对等。除了一些头部明星主播，大部分主播的收入仍然是不稳定的。另外，作为主播加入 J 公会后，需要和直播平台和公会分别签订直播合同。然而，根据这几份合同，我只能知道自己的自提比例和直播时长，关于获得保底工资的条件、如何退出公会、纠纷如何化解等问题，合同上的表述都不清晰，需要和自己的主播经纪人进行具体协商。只有公会的头牌主播或者全职主播，才会有更正式的合同。如果遇到纠纷，这样的非正式合同使得主播们更难以维护自己的权益。

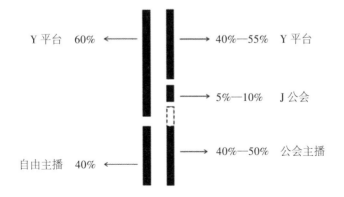

平台—公会—主播三方利润分配
（不含"返点"等活动中的隐形收入分配）

我的经纪人坦言，主播流动率非常高，他们永远不缺年轻女孩，"你不干了，自然有其他更年轻的来抵上"。

普通公会签约主播默认自提比例为 40%，例如：1 平台货币 =0.1 元，收到 2500 平台货币，折合人民币 250 元，默认自提 40%，换算为直播收益为 100 元。

如您与公会之间有任何纠纷（包括但不限于收益分配、结算或退出公会等），应与所在公会协商解决，自行承担后果，平台对处理结果不负任何法律责任。

——摘自 Y 平台合同信息

主播公会相当于直播行业的劳务中介机构，但在整个直播利润链中占据的分成比例最小，除去场地费用、经纪人工资、小主播培养成本，公会的利润远低于平台。公会拥有的主播数量越多，质量越高，刷量越大，其议价能力也就越强。大公会旗下会有上万个主播，可以依靠规模效应提高自己的分成比例，但是本质上，所有的公会仍然是停留在依靠头部效应生存的阶段。中小主播每天得到的微薄打赏对公会来说不值一提，主播公会希望筛选出几个能养活整个公会的热门主播。根据 Y 平台的激励机制，每月新增主播数大于 2% 的公会，会获得额外的分成比例。但是在询问我的经纪人后，他回答，对于拥有几万名主播的大公会来说，2% 的任务意味着每月新增 200 位有效主播，基本上很难完成。我所在的 J 公会是 Y 平台排名前三的大公会，除了源源不断招聘新人主播或者从其他平台挖头部主播之外，公会还会不断签约加盟方，这些小公会得到的分成比例会更少。

其实，不论直播的产业链条上有多少层受益方，最底层的价值创造者仍然是主播。每逢节假日或特殊活动，Y 主播平台会发起各种类型的直播冲刺活动，如"跨年夜狂欢计划""新星主播计划"等，美其名曰"激励计划"。在活动中，直播平台会故意设置出超出大部分主播每日直播上限的目标，并提供更为丰厚的任务完成奖励，以此来刺激主播进行马拉松式直播。主播 Neo 告诉我，在跨年期间，她参加了平台举办的超长赛道，连续努力了一个星期，需要每天上线"刷时长"，才能获得升级或者奖励的资格。从 1 钻石的棒棒糖（0.3 元）到 150000 钻石的生日派对（两万元），Y 平台内置了超过 60 个种类的礼物，然而在最初的一个月，我作为一个直播新手，日常收到最多的只是价值很低的常规礼物。新手期，主播们所付出的大部分是无效表演，我作为主播每天进行 4 小时直播，28 天后，累积收获平台货币 1787 个，再加上其他礼物收入，可以提现 80 元左右。一位同公会的主播在聊天中告诉我："如果公会和你说保底 3000 元之类的，千万别信，头几个月新人很难拿到保底，每月完不成 140 小时还要自己倒贴，我都播半年了，收入波动还是很大，每天从几十块到几百都会有。"

"不稳定的底层"

在整个直播产业所构成的利润链条上，直播平台处于上游，主播和主播经纪人都处于整个产业链的下游，而大部分中小主播则是最弱势的底层劳动者。处于上游的平台，在技术力量的加持下制定了秀场直播的游戏规则，它以"数据红利"为酬劳，掌控着链条上下的主播和公会，而很多小主播则在整个链条中处于一个极不稳定的状况，在这个行业内往往不会超过两年，大部分都没有正式的合同与社会保障。

直播平台主要利用"数据"这个武器来掌握整个产业上下游的秩序，为所有直播参与者提供虚拟场景和技术支持。不论是收到的礼物还是观看热度，在直播平台 App 中最终都会被换算成数据。一方面，主播和公会努力为平台输送更好看的数据以期提高自己的分成比例；另一方面，平台为主播提供"热度"，把数据和流量作为回报和福利。这种数据可以表现为很多种形式，除了大批"僵尸粉"流量，"推荐位"也可以为主播提高曝光率，通常在晚上 7:00—10:00 这个直播黄金时间段中，Y 平台上最显眼的热门推荐位都是预留给头部公会旗下的主播的。

一天中午，我和主播 Neo 抱怨自己没有好好利用新手期的数据流量福利，因此都上不了校园频道的推荐位。而 Neo 也有同样的感受，"头一个小时的数据都是机器人，但数据可以变成人气，因为人人都喜欢看热门的主播，人气会再吸引来更多的人气，有一些公司做数据捧人，几周的时间就可以让主播赚上万块"。我的主播经纪人也以此来鼓励我多开播："播得不好不是你运气不好，而是你不努力，晚上你们只要坚持 4 个小时，越长越好，就可以一直在靠前的位置上待着，有大哥自动给你送钱都不要？"

在这种"数据"背后所蕴含的权力关系之下，我可以获得巨大刷量，在几个小时内涨几百个粉丝，但是，我同样必须忍受来自平台和公会无处不在的监控。在 2020 年 1 月晚上 9:00，我的直播时长刚过一个小时，直播间就提示现在已有 400 多人正在看我的直播，我顿时紧张了起来，以往我的直播间一般只有不到 100人在观看。主播经纪人的声音立马在我的耳麦中响起："你可别浪费这个新颜频道的位置，观众一进来就点进你的直播间，就这样播上几天你就有粉丝基础了，今晚好好表现。说实话，谁能火，我看得出来。"我不由得强迫自己打起精神。

后来，在浏览主播经纪人的朋友圈时，我发现，公会的确能够看到非常详细的直播数据存档，观众点击率、观众观看的时间、互动量……在后台监控系统中，每一个主播的脸和身体都被框定在一个长方形界面中，像商品一样，每排 8 个，被平铺陈列在经纪人的电脑界面上。整个直播过程中，我的一举一动始终处于主播经纪人的监视之下，他可以看到主播在对话框里聊了什么。但我不知道他什么时候在看我，什么时候离开了，因此，只能始终保持亢奋微笑的状态。有几次，我为了打字回复观众的消息，身体偏离了摄像头，主播经纪人的声音就立刻在我的耳麦里响起，告诉我角度又偏了，而且直播时不要回复私信，会导致卡顿。在我无法察觉的情况下，他会通过我的语言、表情、动作等因素判断我是否投入，一场几小时的直播下来，我感觉所有的精力都耗尽了。并且，主播经纪人中有相当一部分人是男性，他们既在监督，又在观看，平台的数据赋予他们一种上帝视角，这一切都会让人产生巨大的不适感。

在这样的权力关系之下，平台、公会、主播之间，甚至和观众之间，也会产生一种共谋行为。平台提供虚假热度造星可以吸引更多主播入驻，进而吸引到更多真人用户的免费劳动和流量关注；公会则会利用虚假热度营造出直播行业欣欣向荣的假象。同时，个人主播也会得到更多的曝光率和经济收入。一位主播对我说："有时候为了数据好看，或者为了帮助自己完成平台的有奖任务，我们会和大哥商量，先给主播刷上万块钱的礼物，就我知道的，还有更大数额的，赢下平台的任务后，我们私下再把钱返还给大哥们。"Y直播平台的产业链条运转高度依赖于数据和后台的技术手段，"数据"就是热度，"数据"就是权力。在这个过程中，被这个庞大的机器消耗掉的除了平台的服务运营成本，还有无数主播的时间和情感，剔除注水的数据之后，主播真实的产出少得可怜。

情感损耗和自我异化

在整个直播产业链的利润链条中，平台占据绝对的控制地位，并且规定了主播的情感规则，让主播依照平台制定的规则进行情感表演，而位于利润链条底层的小主播们，则在不稳定的工作时间和收入中按照平台制定的规则进行"情感劳动"。霍克希尔德发现，从事情感劳动的人们，由于丧失了情感规则的控制权，往往会出现"自我的异化"，即资本操控的那一部分"自我"与"真实自我"相剥离。主播们在资本的操控下进行"表演",也出现了"自我的异化"。这种"自我的异化"体现为情感损耗和"无意义感",在一点点地蚕食主播的自我。

我在公会内部寻找到的每个主播几乎都会提到,直播行业做久了容易"出现心理问题"。我在豆瓣平台上联系到的一位前主播曾经和我分享她的经历:"坚持了两年了,无数次精神崩溃,因为这个行业的观众恶心,同行也恶心,公司更恶心。"

我问她:"你之后有什么打算呢?是不是完全放弃直播了?"

她回答:"我已经不怎么播了,现在只是偶尔播一下赚个零花钱,但我没学历,没工作经验,不做主播了也感觉很抑郁,主播来钱太快,心态会失衡,之后没办法接受赚得很少的正常工作了。我现在考虑去做种草姬、模特、自媒体之类的,但没门路。我在抖音也直播了几个月,小到'00后',大到四五十岁的观众,没一个正常的,真不想聊。但是,为了赚钱不得不聊。"

不可否认,有的主播会在直播活动中获得一种情感满足和自我享受,主播们甚至还能在与观众的联系中获得陪伴感。但是,这种所谓的"自我满足"主要来自男性对主播情感价值和性价值的肯定。为了获得报酬,主播必须自愿接受男性的审视和评判,她们是庸俗日常的制造者,是短效快感的推崇者。在做了一个多月主播之后,我深切感受到,主播与观众之间的对话是无意义、随意、重复、碎片化的,主播需要在劳动中压抑真实的情感表达,长时间的表演状态甚至影响到了直播工作之外的情感交流。直播看似是进行轻松的聊天与回应,实际上是无止境的情感付出,需要不断调试、消化负面情绪。

有人会认为，主播用赚来的钱干自己喜欢的事，这是一种自愿选择，难道不是另一种自由？但是，情感的激发权本该属于人类自身，在直播活动中，情感却被平台变成了一种批量发掘出来的生产要素。主播确确实实从中获益，却也深陷这种被开采的困境，这体现出的是平台利用数据和后台监控对主播所施加的隐性控制。由于直播过程可以被录屏并免费传看，主播失去了对自己生产的情商商品的掌控能力；由于主播在劳动中无法肯定自己的职业，她们无法从根本上解释自己的处境，情感表演的过程也成为与她们真实自我相对立的痛苦赚钱手段。

直播对于 Neo 来说只是一场游戏，她掌握了随时退出的权利。但是每天，都有成千上万直播时长必须比 Neo 更长的全职女主播在经历重复枯燥的情感表演，这种平淡却永无止境的陪聊任务已经把她们真正的自我意识和情感无限稀释。到头来，正如我所亲身体会到的那样，主播麻木的感官只能够捕捉到那些平常稀疏并且毫无意义的对话，而无法回想起到底是什么具体的过程给自己造成了巨大的精神压力。这种自我的异化状态使得主播的情感表演与她们的真实自我越发分离。

直播行业中是否存在反叛与抵抗？在遇到困难时，女主播们又如何寻求帮助？一位主播在一次 PK 间隙的闲聊中告诉我，为了调适大量的悲伤、倦怠等负面情绪，主播也会采取一些反抗措施，如在平台上发展自己的关系网络，和同为主播的朋友吐槽直播圈的事，或者像我曾经做过的一样，报复性忽视某些 ID 的互动请求。但除此之外，如果想要继续通过直播赚钱，她们很难对自己身处的外部环境做出本质改变。在平台上，主播是个体化的、孤独的。平台的形式本身使得主播们难以建立深入和稳定的联系。作为"原子化"个体的女主播，陷入的是平台和公会所编织的无处不在的网络。她们被互联网技术以流水线化的形式生产出来，受到平台情感规则的操控，成为自我逐渐被蚕食的"微笑面具"，而一张张"微笑面具"之下的是一颗颗损耗的心灵。

情感外卖

郑　肯[①]

编写按

　　霍克希尔德说过："现代最大的改变是市场服务抵达了我们的精神世界、我们的情感生活，这个以前我们抗拒市场进入的领域。"

　　一系列关于辅助情感生产的社会产业蒸蒸日上，网络直播提供了全天候的情感需求服务，社会本身就变成了"情感外卖"的生产工厂与消费市场。在直播间的背后有大大小小各类主播经纪公司，简称为"公会"。公会这只看不见的手的存在增加了平台、表演者与看客（消费者）之间关系的复杂性。

---

　　① 　郑肯，伦敦大学学院人类学博士候选人，目前的研究领域为社交媒体的后台文化。本文是基于作者 2019—2020 年的田野调查改写而来，原毕业论文载于 2020 年《北大清华人大社会学硕士论文选编》。为了更加深入地了解网络直播的社会过程，她以亲身担任主播经纪人的方式深入直播公会机构的日常运作中，由此了解参与网络直播中的各种社会角色的背景故事。

"小郑，你知道吗，网络直播这个东西不是现在才有的，直播在中国其实是有很长的历史的。"这个被称为虎哥的中年男人，手势熟练地铺陈开了他的茶具，他是这个主播经纪公司的总经理人。

虎哥抬起头来看我，"你看过水浒传没有？里面就写了有人在街头卖艺，然后有人打赏，这个其实就是直播"。

"你知道其中间最重要的一环是什么吗？"我答不出来。他继续说，"约定俗成的，卖艺的人要最后鞠一躬，给打赏的人鞠躬，说两句好听的话。一来一往，这个表演才成功。这样打赏的人才有面子。以前的勾栏瓦舍也都是这样"。

透过办公室的玻璃门，我看到外面来来往往的都是穿着高跟鞋、长发浓妆的年轻女性。"她们都是来面试主播的"，虎哥说道。我发现我所在的这个办公室，是这个三层的独立办公楼中唯一一间没有直播设备的房间。

走出虎哥的办公室，环顾这座独栋的办公楼，由三层办公室构成。第一层是一个狭长的走廊，连通着数十个直播间，每个直播间里都放置着美颜灯、耳机线、手机支架、麦克风等直播道具。这些直播间以粉色色调为主，带有一种女性闺房的隐秘感。在两间直播间里，主播正对着摄像头热舞唱歌。第二层是招商部，办公室内紧密地陈列着三排电脑办公桌，每个电脑屏幕前的营销人员都在打电话，语气激昂，正与客户电话沟通加盟事宜。招商部负责推广直播公会品牌的招商与加盟，即客户缴纳一定的加盟费，就可以在当地复制这个主播经纪公司的经营模式。第三层也陈列着五六排电脑桌，但桌前的职工看起来比二楼的闲适得多，每个人都紧盯着自己的手机屏幕。他们是主播运营，日常工作是在网络上联系新人来面试主播，督促自己的主播按时直播。

当代社会建立了一系列的机制，如此精致且运作可靠，提供了全天候的情感需求服务。一系列关于辅助情感生产的社会产业蒸蒸日上，社会本身就变成了"情感生产"的工厂与消费市场。以大望路为中心，10公里为半径的区域内的办公大厦，影视文化产业园区甚至居民楼里都散落着这样的主播经纪公司，规模或大或小，内部结构基本类同。一些规模更小的主播经纪公司则聚集在距离北京繁华内环更远的城市外围。因为五环之外相对低廉的房价，外围的主播经纪公司甚至能够提供主播的住宿，对主播群体实行半封闭式管理，为她们提供后勤保障，以满足她们日夜颠倒的工作节奏。然而，作为提供移动视频技术服务商的直播平台科技公司大多坐落在北京海淀区——中国的互联网中心。在这里，无数高校毕业生带着他们光鲜的履历投入中国的互联网劳动力大军。

不仅仅是北京，直播产业在整个中国落地生根。直播平台科技公司中的YY直播、虎牙直播在广州落户，为直播平台稳定输送大量主播的经纪机构，驻扎在福州、成都、杭州等城市。加盟主播经纪品牌的小型主播经纪工作室潜入三四线城市，乃至于落地县城，由此吸收当地闲散的年轻劳动力，拓展地方市场。随着近几年来国内直播市场逐渐饱和，娱乐资本不断入场，海外市场尚未完全开发，中国的直播模式逐渐"出海"。

那些被标签化为"直播网红"的年轻姑娘们，从城市的护校、工厂、美甲店和夜场走到摄像头面前。她们怀抱着对更好的生活的愿景，被裹挟到整个直播产业之中，她们的身体、话语与情感都变成这个链条上流水线般生产的娱乐商品。中国互联网浪潮创造了直播行业的风口红利，大量资本流入直播产业，大众娱乐消费转向电子屏幕。

如此媒介奇观，并不是一个偶然出现的事件。直播网红是人为运作的结果。直播产业的兴盛是由无数主播运营、网红主播、程序员与观众粉丝共同运作的结果，是直播平台科技公司与公会经纪公司、网络主播与运营相互牵制的结果，以及技术"媒介化"社会互动的结果。整个直播产业链条如同精巧设计的机器，当这台机器运作起来，每个链条环节都可以不断把劳动力、资本与物力"吸纳"进来。身处其中的直播网红、主播运营、投资者、程序员等，处于这个链条中不同的位置，他们在被裹挟进来的同时，也在不断重建着直播的生态，重新构造着这台机器的结构，这种结构又提升了吸引更多人进入这个行业的能力。

那些被卷入直播行业的风口浪尖的年轻人，他们的生命历程伴随着整个行业而起伏，他们用自己的情感、青春与身体铸造直播行业的繁荣，整个直播产业设计得如此精巧，因此，每个环节都能"持续"地裹挟劳动力与资本。

异乡人的寄旅

位于北京大望路四环外的这些小小的办公室，塞满了异乡人的故事。外号为小蛇的姑娘，因为跟原生家庭的纠葛，未成年就离家闯荡社会，依靠网络直播养活自己；心怀电影梦的青年大弦，依赖为直播公会拍摄短视频来维持生计，准备来年再战北影；永远戴着鸭舌帽的大叔，原本是酒吧里的乐队歌手，婚后利用原来的演艺人脉，让曾经舞台上的朋友走到手机屏幕前；在镜头前肢体僵硬地跳着韩国热舞的小敏，原本只是车间的女工；16岁羞涩少言的少女青青，随着父母从四川来北京务工，原本依靠游戏陪玩来赚零花钱……

新的故事，在这些小小的办公室里不断上演。在直播间外面的二楼楼梯上，坤哥抓住了一个新来的同事，哭诉着他的遭遇。

这大概是他本周第五次陈述这个故事，在每一次的陈述里，记忆里的每个褶皱都不断地被抚平，"其实我第三天的时候就有种她会走的感觉，因为她那天一直拿着手机在发短信。但是，我为了她做了这么多，是个陌生人也应该说句再见吧……"他眼里甚至有泪光在闪烁。

坤哥是直播公会的主播运营，20岁，内蒙古人，曾经是昼夜不分的视频剪辑师，目前，他的工作内容就是招聘主播，培训主播上播，帮助主播维护与粉丝之间的关系。在这个直播公会里，大部分的职工都跟坤哥做着一样的工作，唯一不同的地方在于，坤哥比其他的主播运营同事更加负责任，他会帮助从外地来北京做直播工作的女孩子找安全的住处，帮她们交电费，跟她们聊家里的矛盾，在这些女孩子月底没有生活费的时候接济她们。

坤哥在网上招聘主播的时候，在某个视频平台认识了16岁的晓晓，屏幕里的她，齐刘海儿娃娃脸，笑起来有梨窝，裙子的长度介于性感与纯情之间。坤哥加了她的微信，有一搭没一搭地与她聊了好几个星期，终于说服她来北京发展，做坤哥平台的主播。坤哥把她安排到了女性朋友家借住，帮她买好生活用品，接她到公司，帮她调试直播的器材，准备直播的服装，帮她点外卖。

晓晓开始直播的第二天，就有人在直播间打赏了几千块钱。第三天，这个线上的粉丝加上了晓晓的微信，晓晓开始跟线上这个人聊天。第四天，晓晓从公司大门走出，上了一辆捷豹车，从此消失不见。

坤哥为她买的羽毛翅膀道具，仍旧挂在直播间里。他理解这些北漂女孩子的难，这些女孩子没有学历、没有一技之长，甚至没有一个稳定温馨的家庭，因此未成年就出来闯社会。他每天从出租屋到办公室需要转三次地铁，花费将近 4 个小时在地铁上，回家的路上并不常有星光，他与地铁上面所有神色疲惫的年轻人一样，是北漂大军中的一员。但是，他觉得自己是这些主播的哥哥，他可以帮助这些女孩子过上一个相对稳定的生活，他无法想象的是，他所面对的女孩子，对于青春有着更精细的打算，对北京的生活有着更大的野心。

晓晓不是第一个离开网络直播平台的姑娘，也不是最后一个。这些年轻的姑娘，或带着东北人的直爽，或带着四川人的勤劳，从护理专科学校，从美容美发行业，从外地工厂中来，把网络直播作为进入大城市的门票。她们往往在直播间赚到第一桶金后，就消极怠工，去旅游购物，去开美甲店，或回到老家嫁人。当挥霍完网络直播给她们带来的第一桶金后，不知该何去何从时，她们可能再次站在手机镜头前，在嬉笑怒骂之间讨生活。

坤哥的心酸，很快地蒸发在了北京的夜里，类似的故事却一直在重演。

欲望的制造

东北三省的广阔土地，铭刻着曾经的重工业与城镇化的光辉历史。改革开放之后，随着国家企业的转型与产业结构的调整，围绕大工厂而繁衍生息的单位组织逐渐成为褪色的集体记忆。随着经济衰退，生产停滞，下岗国企职工的后代年轻人逐渐离开这块曾经的蓬勃之地。千禧年之后，网络直播的发展让一代年轻人重新找到挥洒豪气的舞台。

纺织车间午休的 10 分钟，是沈阳小伙白玉一天之中最快乐的时间。他会在车间外，找一处阴凉的地方，躺着看西安姑娘豆豆的直播。他的收入微薄，但是，他对豆豆的付出很简单——做豆豆的房管：在豆豆直播的时候，他负责维持直播间的气氛，提醒豆豆及时回复老粉丝的关心，感谢老粉丝的打赏，将黑粉踢出直播间，以及在豆豆下播的时候，帮她维持粉丝群里良好的聊天氛围，提醒其他粉丝及时观看豆豆的直播。

他从来没有想到，这普普通通的十分钟，会完全改变他的人生轨迹。因为做豆豆房管的原因，白玉跟直播间中一个打赏金额很大的孙大哥很熟，私下在微信群里聊天时，这位孙大哥坦诚了他自己的生意人身份，并且认为直播产业是个值得投资的生意，邀请他来北京共同创业。

白玉纠结了两个星期，最后觉得，自己没有什么可以失去的，大不了就当是去北京玩了一圈。从沈阳到北京的火车上，他仍旧是无比忐忑的。无论是直播间里的豆豆，还是孙大哥，他们所有的感知和信任，仅仅建立在手机闪烁的屏幕上。当他们彼此走出屏幕，在真实的世界中相遇，将要面对怎样的不确定性？

所幸，孙大哥并不是骗子，确实是一个对直播产业一无所知的生意人。白玉跟着孙大哥租办公室、买办公设备、布置直播间，到城里的公司招聘主播。白玉尚未真切地体会北京的绚烂多彩，便已投身于密集的工作之中。然而，北京的主播并不信任他们这家刚刚起步的公司，于是他们便去内蒙古以举办才艺比赛为噱头来招聘主播。

当办公场所、设备、员工与主播都到位之后，白玉才慢慢开始逐渐理解秀场直播的本质。"做直播嘛，其实就是一场策划。"

他的主要工作是"内容策略"，"直播就是一个'套路'的事情"。他所说的"内容策划"，在直播圈里也称为"直播玩法"，就是通过设计一些主播与粉丝互动的环节，来实现让粉丝刷礼物的目的，主播和运营都能由此获得经济收益。这些环节的设计，通常让人觉得是带有人情味的，将礼物"去货币化"，让粉丝能够自然地刷礼物，而不是觉得自己是在进行金钱交易。

有个叫盼盼的主播，有颜值无才艺，于是，白玉就用一个28级的公会号登录，跟盼盼的三个大哥约定，一个星期内谁刷到榜一，就可以跟主播见面吃饭。虽然白玉用公司的钱刷了6万元，但是公司一个星期赚了17万元。

直播圈有"满月礼"的传统，"满月"指的是主播持续开播满一个月。这是一个需要庆祝的日子，在这一天，主播会准备特殊的服装造型和精心的节目来答谢粉丝，粉丝也会给主播刷大量的礼物来激励主播的成长。但是，在"满月礼"之前的一个星期内，主播运营会跟经常出现在主播直播间、打赏礼物额度较大的"大哥"打招呼，一般他们会假用主播的微信账号跟"大哥"聊天："感谢大哥一直以来的支持，下周六就是我的'满月礼'了，大哥来直播间看一下支持一下就可以了，也不用刷什么礼物了。"但实际上，"大哥"的出现，会给主播带来观众流量，出于对身份、威望与人情的维护，"大哥"基本也会给主播刷大量的礼物。

他说："直播就是一个'套路'的事情。"

白玉与他的伯乐所创立的公司，在网络直播行业内被称为"直播公会"，更正式的说法是主播经纪公司。这种公司类似于劳务中介机构，其作用在于为网络直播平台储蓄和输送大量的网络直播网红，代表网络主播与直播平台建立签约关系。劳动力市场中并不是没有大量职业性的网络主播，直播公会存在的意义在于，将行业外的那些年轻女孩子卷入这个行业。

主播经纪公司，其内部的经营运作发展出精细化经营策略，一般会跟不同的直播平台科技公司签约，因为不同的直播平台有不同风格的受众市场。公会的盈利由两个方面构成，一部分的收入来自旗下签约主播的收入分成，这部分的盈利主要依靠主播与运营的劳动完成；另一部分的盈利来自加盟商的加盟费用，以及这些加盟商的直播收入分成。白玉的主播经纪公司场地分为三层，地下一层是数十个直播间，用于给新人主播面试、试播以及公司人员开会使用。第二层是加盟部，有15—20个人不断地打电话营销，推广加盟业务，人声鼎沸。第三层是运营部，30多个主播运营和星探坐在格子间，不断地用电脑和手机联系主播。

在公会内部，主播运营和主播都有很高的流动性。这种流动性降低了公会的运营成本，保持了公会的稳定盈利。从主播角度而言，一个主播是有一定的生命周期的，收入很不稳定，会经历收入的起伏，或者因为一些个人原因，选择退出直播行业，因为主播的高流失率，导致主播运营的大量工作时间都用于挖掘主播。对于公会而言，市场是不确定的，任何类型的主播都有可能一夜爆红。公会常采用"人海战术"，海量招募主播，将其投入直播市场。除去招募运营的人事成本，边际成本很低。公会通过主播的礼物抽成获利，多一个主播，就多一份礼物抽成的收入。用运营的话来说，"只要主播开播，那么我们就是躺着也赚钱"。主播的收入主要是由底薪和流水提成组成，底薪是3000—5000元，主播需要满足工作时长才能拿到底薪，而一般要求是每月120—180个小时，25个有效天（开播超过两个小时算一个有效天）。流水提成则是礼物收入的20%—50%。而主播运营的收入同理，工资由底薪和提成组成，底薪为3000—5000元，拿底薪的条件是每个月招募到10个新主播。此外，主播运营可以从主播身上拿到1%—3%的礼物抽成收入。

对于运营而言，他们也会无休止地招募主播，因为主播是有生命周期的，只有不断地招募主播，保证手下有稳定开播的主播数量，他们的收入才会有保障。运营周哥跟我谈起，他的主播数量最多的时候有 20 多个，他不认真工作的时候只有 5 个。在主播数量为 20 多个的时候，其中有很多是经验丰富的老主播，如果收入稳定，他们就会在家里稳定开播，只要主播稳定开播，运营可以获得他们收入的 1%—3%，公会可以获得 20%—40% 的礼物分成。

主播的高流动性，跟很多原因有关，主要原因是收入不稳定，当收入下降至不足以满足温饱的时候，他们就会对自己的职业选择以及公会实力产生怀疑，这个时候他们可能会停播，在公会内部换平台，或者选择换公会。但是对于公会而言，主播的去留不会影响公司盈利，因为新的主播会不断地进来。同理，运营人员如果两个星期没有招到合适的主播，在试用期内就会被劝退。

因此，公会在不断地招募主播运营，而主播运营也在不断地招募主播。主播与运营的高流动性与收入不确定性，创造了公会的利润空间。

公会通过加盟和挂靠增加市场占有率。加盟指的是一些没有直播经验的投资者，给大型头部公会缴纳一定的加盟费用，向他们购买行业经验与扶持策略，利用公会的品牌自动对接到直播平台。挂靠是指拥有一定的优质主播资源和行业经验的公会长或主播运营，由于流水有限，通过挂靠大公会，换取更高的流水分成比例，挂靠不需要缴纳加盟费。

大型的直播公会多位于北上广深等一线城市，公会吸纳地方加盟商主要有几层考虑。其一，可以收取加盟费，不同地方的加盟费有层级差距，如县级城市的加盟费用在5万—6万元左右，省会城市在15万—20万元左右。加盟费可以给直播公会创造直接的经济效益，但公会也承担着扶持地方小公会（地方加盟商）的义务，即帮助直播工作室选址、培训相关从业人员等。其二，地方小公会可以吸纳三四线城市乃至农村的观众市场和网络主播，扩大直播公会整体的签约主播数量与观众市场。其三，地方小公会是通过直播大公会来与直播平台科技公司结算的。因为地方小公会的规模有限，因此经济结算数额较小，直播平台科技公司只与流水在该平台排名前100的大公会进行结算，因此地方小公会需要在大公会统一结算后，再分拨资金到地方小公会。这也意味着，直播大公会吸纳了更多的地方小公会。而每月的流水金额越大，在礼物的分成比例上与直播平台科技公司的议价权也越大，也能够拿得到更多的扶持资源。车哥——一个直播公会的主播运营跟我透露，每增加200万元的月流水，公会就可以得到一个黄金时段的推荐位，公会完全掌握这些推荐位的分配权。

每个月，当直播公会与直播平台科技公司结算之后，将资金分拨给地方小公会时，会根据地方小公会的流水规模扣除一定比例。流水越高，地方小公会的分成比例也就越高。

直播平台科技公司，直播公会、加盟商与挂靠公会，主播与主播运营三方之间通过虚拟礼物收入的层级分成建立经济联系，各级都通过扩大流水的规模，增强向上一级经济附属要求更高分成比例的议价权。例如，倘若主播运营所签下的主播能够创造较高的流水额，主播运营就可以向公会要求更高的分成比例，因此新人运营的分成基本在 3% 左右，而老练的主播运营则可能拿到 5% 的分成。主播的礼物流水越高，就可以有更大的话语权和公会协商提高礼物分成。小公会（加盟或挂靠）月流水收入在 10 万元以内，只能拿到 60% 的礼物分成，但是如果月流水超过 40 万元，则可以拿到 70% 的礼物分成。大公会的流水越高，就可以有更大的话语权与直播平台协商要求更多的资源支持。

简单而言，公会通过加盟和挂靠的形式，扩大直播市场的占有率，开发三四线城市以及县城市场，增加流水规模，用高流水与平台科技公司换取诸如推荐位的流量资源，而中小公会因为没有资源，分成比例较低，因此有不断加入头部公会的趋势。从空间上来看，处于北京、上海、杭州和广州等地的大公会组织不断吸纳三四线城市以及县的中小公会，将全国的主播都收入麾下，收取他们的礼物分成。对于公会、加盟商，以及主播和运营而言，流水规模越大，礼物的分成比例越大，能获得的流量资源也越多，未来的预期经济收入也越高。"集聚效应"由此形成，小公会和小主播都纷纷向头部公会靠拢。

人格市场

20 世纪 50 年代，从事非体力劳动的职业白领逐渐成为美国社会的中流砥柱，米尔斯认为，人格成为劳动力市场中被交换的要素。半个世纪过去，霍克希尔德重新审视了当代社会中情感的商业化趋势，"情感劳动要求一个人为了保持恰当的表情，而诱发或抑制自己的感受，以在他人身上产生适宜的心理状态，这种劳动要求意识与感受之间的相互协调，有时还要利用自我的某种资源，即我们视作自身个性的深层且必要的部分。人们通过情感的装饰而创造出某种公开的面部展演和身体展演，情感劳动是为了某种报酬而出售的，因此具有交换价值"。

网络直播，便是这个时代的众多生产"情感商品"的社会工厂之一。整个网络直播产业链，作为互联网时代的生产组织方式，不断地输入提供陪伴体验的直播网红，给人们创造了付费便触手可及的亲密社交体验。

崔淼（ID 名），一个北京姑娘，在 N 平台已经直播数年，算是榜上有名的女主播。她有一头乌黑的长直发，笑容如邻家女孩一般，说话俏皮，很受观众的喜爱。崔淼如往常一般出现在她的直播间中。伴随着音乐伴奏，一曲林俊杰的《Always Online》唱毕，直播间已然聚集了上百个观众，屏幕下方不断闪烁着观众打赏虚拟礼物的屏幕特效。

ID 名为"小白菜"的观众不断刷着评论：

"谢谢九妹的星星 / 么么哒。"

"谢谢中的摩天轮 / 么么哒。"

小白菜是崔淼的场控，所谓的场控，就是帮助如崔淼这样的大主播维持直播间的秩序。场控负责的工作内容包括踢走在评论区刻意羞辱主播的黑粉，提醒主播重点关注来自观众的礼物打赏与评论，提醒主播与用户等级较高、经常出现在直播间的"大哥"打招呼。

所谓"大哥"，就是愿意在直播间一掷千金，打赏大额虚拟礼物的观众。此时小白菜在评论区打出："@中中的游泳池（ID名），欢迎中中哥。"

在场控的提醒下，崔淼在几百个观众之中，快速识别到了中中哥的存在。她马上开始打招呼："欢迎中中哥""最喜欢中中哥，来了也不说话。"在崔淼的礼物排行榜上，中中的游泳池位列榜首，中中哥累积的礼物超过了九成观众的打赏。

崔淼接着说道："我们今天下午的基础分完成得好好呀。"她口中的基础分，是平台评估主播的一套评分算法。平台会根据主播直播时段的礼物金额、在线时长、互动频率等因素进行打分计算，给主播进行排名，排名靠前的主播会在直播页面中享有较高的曝光率，其中礼物打赏金额占了排名计算的较大比重。

崔淼轻轻地撩了一下披肩的黑发，大眼睛直视屏幕，巧笑嫣然。背景音乐再次响起，她轻启朱唇，"男人也是一朵花，也怕风吹雨打……男人也是一朵花，也怕风吹雨打……"

"这首歌之前就是开播的歌曲。"

"谢谢小昵称。"

"谢谢橘子。"

屏幕上再次出现了大额礼物的特效动画。

崔淼在校期间曾凭借良好的外形条件兼职淘宝模特。2016年她大学毕业时，恰好某直播平台上线，崔淼抱着挣个零花钱的想法做了主播，却正赶上了新平台的红利期。她在短短几年内迅速崛起，成了直播平台上榜上有名的女主播。她第一次直播只赚了13元，但如今她的单场直播便能有成千上万元的可观收入。

崔淼对着屏幕说道："口口声声说喜欢人家，这就是不爱了，这就是不爱了""都说人家大哥跟直播间打架，比谁刷得多。我这没有啊，人家一次都没见过。你们打架吧。"诸如此类间接暗示观众打赏虚拟礼物的言语出现在直播过程中。崔淼开播已经过去了一个小时，她在"小时榜"上从第55名变为第12名。

当我试图在直播平台给她发送消息时，我惊讶地发现自己作为一个普通粉丝并没有这个权限。直播平台规定用户必须打赏金额达到一定的数量，才可以在直播平台给主播留信息。

尽管不同的女主播各有各的个性与才艺，但主播的表演中总是能够识别出一套程序化和高度重复的表演模式。在任何直播平台观看直播都是免费的，如何激发观众自发的打赏行为，以及实现打赏行为的"去货币化"，即消除主播与观众之间的经济不对等所导致的道德负担，是困扰主播整个职业生涯的难题。秀场主播实际上是通过一系列的语言、身体、情感展演方式与观众建立情感共鸣，激发观众不自觉地点触手机来对她们进行感情回馈。这种点触劳动包括关注主播、发送免费礼物、留言评论、打赏价值不菲的虚拟礼物，看似是在与主播进行情感互动，其实是在让观众养成打赏的习惯。

主播通常以语言技巧来间接激发观众的打赏行为，主播会将没有人刷礼物的情景形容成"没有排面"，利用粉丝"我喜欢这个主播，所以我应该要给她一点排面"的心理，刺激粉丝消费；或将打赏行为包装为一种对主播表达宠爱的方式，"喜欢我就支持我一下"；或将这种消费描述成男性气概的竞争。崔淼说的"大哥之间打架"，是鼓励粉丝在直播间里为争夺主播的青睐而斗争，但这种斗争其实是经济实力的较量。

主播利用直播功能中的"打榜"和"PK"两个功能，正当化自己"持续要求粉丝投掷虚拟礼物"的行为。"今天的基础分完成得不错"，这类的话术将观众的打赏行为包装成完成游戏任务。粉丝通过不断地打赏来支持主播完成平台的积分要求，使他们支持的主播在各种比赛、榜单中脱颖而出。

主播通过观众不同的消费等级，建立与观众粉丝之间不同的亲密关系。大主播往往会设置不同级别的粉丝圈，只有满足一定打赏金额与互动频率的观众粉丝，才能进入主播的核心粉丝圈。主播的"榜一"可以享有添加主播的私人微信，享受主播陪打游戏，甚至线下见面的特殊"福利"。

直播平台软件的设计也参与了这种"去货币化"的过程。平台往往发明各种用于购买虚拟礼物的代币，不同的代币与人民币有不同的兑换比例，而不同的代币与勇于打赏的虚拟礼物之间也有复杂的兑换比例，由此模糊了用户对于打赏行为的经济投入的直接感知。

运营玲玲经常对新人主播说的一句话便是，"你要懂得互动，但互动不仅仅包括聊天，聊天只是互动的一种方式"。这个 19 岁的四川女孩子，有着与年纪不符的成熟老练。在她做主播运营一年多的时间里，她的日常工作就是面试新人，督促检查主播的工作情况。

玲玲所说的"互动"，其实包括语言和一系列的肢体动作——唱歌和舞蹈是快速暖场的方式，随着背景音乐节奏晃动身体以及眼神放电、比心手势、鞠躬作揖等身体语言都是与粉丝互动的方式。然而，对于主播来说，这只是她们需要学习的最基础的身体技术。在职业主播的这条道路上，她们需要学习一整套仅仅通过网络实时视频来完成的自我展演，与观众建立情感联结的表演策略。

北京大望路附近和四环以外的区域散落着大大小小的主播经纪公司，这些公司通常打着"娱乐经纪公司""影视传媒公司"或"网红孵化平台"等名头。这些主播经纪公司，犹如直播行业的"劳力行"。主播运营，即在主播经纪公司内部具体负责招聘、培训与管理网络主播的工作人员。

从整个产业链的角度上来看，直播平台科技公司要取得商业上的成功，不仅仅需要网络直播提供必要的技术支持，还需要维持直播平台的社区活跃度，保证直播平台在任何时段都能够有稳定数量的主播开播。因为职业网络主播的工作具有高度的流动性，这也意味着直播平台上会不断地流失网络主播，因此，这些主播经纪公司需要持续不断地为直播平台招聘和培训网络主播，保持线上网络主播数量的稳定。

运营实际是一项"隐形"的工作，是互联网流量热点背后的人为运作。网络主播群体的制造，即主播运营的工作内容。小李在入职某娱乐传媒公司之后的几天，和同期入职的几个同事，蜷缩在一间直播间里，开了一个类似"入职培训"的小会。安哥，作为经验丰富的主播运营，负责讲基本的工作内容：

（1）主播运营初期的主要工作任务是招聘10个能够稳定开播的主播。只有完成这个任务，才能拿到3000块的基本底薪。

（2）主播运营的另一项工作内容是"跟播"，即全程观看签约主播的直播过程，发挥场控的作用。一方面，初级的场控是不断地跟新人主播聊天，调动主播的情绪，以及让直播间的气氛暖起来；另一方面，场控需要@进来直播间的人，根据ID名称打招呼，对打赏礼物的观众表示感谢。

（3）主播运营要体现自己的专业性，在开播前注意主播的状态，下播后总结主播的问题；同时必须对平台里的规则与奖励机制非常熟悉，例如，哪些歌曲不能唱，积分如何变化。在主播面前体现运营工作的专业性，有利于更好地管理主播。

（4）主播运营与主播之间不能谈恋爱。"主播都是白眼狼，没有一个是例外。你们对主播好可以，但是不能太好。"

（5）主播运营要强调主播不能在直播间内"跪舔""大哥"，不能因为"大哥"刷钱就没有底线地夸奖他。如果在直播间"跪舔""大哥"，会失去其他潜在的粉丝——"不能因为一棵树失去整个森林"。但是可以在微信里私下感谢"大哥"。

（6）注意主播的"满月礼""周年庆""半年庆"（除了清明节，其他的节日都有过节的理由）。"满月礼"的过法：询问主播大概加了几个"大哥"的微信，摸清粉丝的情况，在前一个星期开始准备。一是给"大哥"发私信，说一些客套的话，欢迎"大哥"来满月礼上支持一下。二是向公司申请发"热门"。

安哥勾勒了整个主播运营工作所有的内容与痛点。对于任何一个新手运营而言，招聘新主播都是重中之重。在这家公司，一个新手运营的工资是由基础工资 3000 元加上签约主播当月流水（即当月直播的虚拟礼物收入）的 3% 构成的，但拿到基础工资的前提条件是招聘到 10 个能够稳定开播的主播。这个"稳定开播"的定义是主播需要满足有效天和有效时长的要求，即 20—25 个有效天与累积 150—180 个小时的直播时间。如果没有一定数量的能够稳定开播的主播，就意味着运营没有经济收入，也无法真正地"运营"主播，所谓"巧妇难为无米之炊"。

安哥所说的"跟播"，是指运营在主播开播的时候全程观看主播直播。因为每个主播的开播时间不尽相同，许多主播都是在深夜开播的，跟播是一个主播运营职业责任感的体现。玲玲也借此激励她的助理："我的主播凌晨 1:00 才开播，我凌晨 1:00 也守着，你如果能做到无论主播几点开播都守着，你也能赚到我这份钱了。"即便不是工作时间，运营也需要通过跟播，假扮直播间的观众，调节直播间的气氛，维护粉丝，以及总结主播在直播时妆容、互动与唱歌等方面的瑕疵。

新人主播往往会因为直播间中没有观众而懈怠。尽管不同的直播平台都会有对于新人主播的新开播奖励机制，因此，新人开播 10 分钟内会有 200 人次的流量。在某些直播平台，这些人流数字背后并不是真实的观众，而是直播平台制造的机器人，有经验的运营通常能够根据用户 ID 名字来判断是否为真人。"这个时候运营需要做的就是稳住主播的心态，假扮粉丝。"安哥说他会找 5 部手机，轮流陪主播聊天，鼓励主播保持直播的热情。

无论是主播运营，还是主播本身，他们所有工作都围绕着"制造"线上的屏幕形象展开，这个屏幕形象是温暖亲切的，是让观众如沐春风的网络中最熟悉的陌生人。

情感外卖何以可能

直播间是能够抛弃琐碎的日常生活，提供欢笑、幻梦与精神慰藉的乌托邦。网络直播通过售卖主播所制造的影像幻梦而牟利，它展示诸如情感劳动的无形之物如何被批量化地生产、定价和售卖。网络直播通过精致的劳动力配置、资本流动机制与一系列的数码技术构建一条生产线。社交关系与情感体验等无形之物在这条生产线上，被打包为不同消费等级的商品。

网络直播之所以可以提供 24 小时无休止的情感陪伴，是因为主播、主播运营、直播公会与直播平台之间形成了高度灵活的劳动力配置与管理结构。劳动者与雇佣平台之间的关系在近年来得到了学界的大量关注，但对于置身其中的劳动者而言，他们的生活世界不仅仅是劳资关系，信息产业也给他们提供了另一种生活的可能性。

秀场直播的热潮，不仅仅建立起高度灵活的劳动力管理机制，也重新定义了"什么可以被售卖"的范畴。劳动时间与劳动量是可以被市场定价的，可以被打包售卖的，但是劳动者的体貌、情感、人格、社会关系与关怀服务是否可以被市场化？是否可以在某种标准中被定价？生活在市场化旋涡之中的个人应如何选择？是妥协市场化对于本真性的侵蚀，还是抵抗市场化以保留人性的尊严？这是现代社会共同面临的命题。

爱情可买卖？
——虚拟恋人与亲密关系商品化

熊赟 [1]

编者按

    平台提供的虚拟恋人并非虚拟的，而是真实的人与人之间的网络关系。让人困扰的是情感的商品化与人们情商的关系，以及是否可称其为"情商劳动"，因为这需要参与其中的劳动者有能力去揣摩对方的心思和情感，这种深度的情感劳动或许只有人工智能能够很好地完成吧。同时，如何监管其与色情相关的边缘地带依然是管理的难题。

突如其来的半小时"恋人"

    某一个燥热的夏日夜晚，我趴在沙发上机械地划着手机屏幕。

---

    [1]   熊赟，北京大学社会学系博士候选人，一直对平台经济中的人力资源的匹配问题感兴趣。

这时突然收到朋友的消息："今天七夕，一个人过？"朋友对我的生活再了解不过，我把这一问完全当成了调侃，于是回复："不是一个人难道是一条狗吗？"朋友一边嘲讽我，一边说要给我准备惊喜，说是让我感受七夕的浪漫氛围。

还没等我回复过去，微信通讯录"新的朋友"一栏发来了一个好友申请。这个新好友是个男生，头像是一个漫画男生头像，他在申请栏里备注：你的好朋友帮你点的虚拟恋人。没来得及问朋友这是怎么回事，屏幕另一侧这个叫圣杰的男孩已经跟我打起了招呼，我回应着他的问候，他直截了当地问我："小姐姐，现在方便语音吗？"我没有马上回他，在让他等着的 15 分钟里，我迅速上网了解了"虚拟恋人"这个听起来莫名其妙的东西并觉得颇有兴致，于是，我摩拳擦掌准备跟这位不知道是否专业的恋爱专业人士过过招。

几轮语言"对决"后，我在甜言蜜语的攻势下认可了他的专业度，也败下阵来，笑着感叹道："她（朋友）到底花了多少钱啊。"

当然，这份浓烈的甜言蜜语是有价格的，也是有时间限制的。朋友给我点了半小时，半小时到了之后，刚才那个对我展开甜蜜攻势的人突然以撒娇的口气对我说："姐姐，再续一个小时嘛。"本着省钱的原则，我当然是无情地拒绝了他的续约请求，并挂断了语音电话。

"恋爱"明码标价

挂了电话后，朋友兴奋地问我对"新事物"的体验，我回复了个表情包——"有两下子"。作为一个社会学系的博士生，我对这种新奇的工种完全燃起了兴趣——它不仅无法轻易地被划入如今任何一种为人熟知的职业类型中，又的确有不容小觑的市场，甚至发展成了一门生意。

虚拟恋人是什么？虚拟恋人是由真人扮演的一种有偿情感服务。根据顾客的需求，在网络世界与其建立恋爱关系，通过文字、语音或语音电话的方式与客户联系。

日本 2016 年的国情调查显示，日本一共有 5184 万户家庭，其中独自成家的户数为 1679 万，占比 32.4%，日本独户家庭比例连年增长。出现这种情况的主要原因是不结婚、晚婚的人越来越多①。虚拟恋人最早起源于日本，它是一种基于社交网络的付费式情感交流服务。服务购买者和服务提供者双方不见面、不约会，但却可以以文字、语音的方式建立临时恋爱关系。虚拟恋人为下单的消费者提供恋爱陪伴服务。日本并不是唯一有着不婚、晚婚现状的国家，可以说，亲密关系的变革成为一种趋势。一方面，人们依然有着恋爱和陪伴的需求，但另一方面，对于开始一段稳定的亲密关系又充满着犹豫。变革对于资本家而言意味着机会，

① 大前研一. 低欲望社会：人口老龄化的经济危机与破解之道［M］. 郭超敏译. 北京：机械工业出版社，2018:24.

虚拟恋人这种新的劳动和服务形式也悄然出现并走红。

随着网络视听的发展，虚拟恋人何时以及如何成为一门生意？又是如何发展成为一份工作？这场有关爱情的"买卖"究竟是如何进行的？爱情又是如何定价的呢？

从 2014 年起，虚拟恋人开始在网络上出现并流行，网友发帖有偿或无偿寻找聊天对象。此后，虚拟恋人逐渐发展成为可经营的生意，电商平台聚集了大量虚拟恋人店铺，在平台上下单就可以获得一对一的虚拟恋人服务。2020 年，突如其来的新冠肺炎疫情使人们只能蜗居在家，孤独、焦虑的心理加速了"陪伴经济"和虚拟情感消费市场的发展。2020 年 5 月，网络上出现了一条视频——"点了一个虚拟男友，被他搞得小脸通红"。视频中虚拟男友磁性的声音、信手拈来的"土味情话"和切换自如的"人设"让 UP 主面红耳赤。视频迅速走红，将"虚拟恋人"推向热搜榜，也将这种小众服务推到大众眼前。

根据顾客的需求，在网络世界与虚拟恋人之间建立恋爱关系，通过文字、语音或语音电话的方式与客户联系。下单后，客户（消费者）可以指定虚拟恋人的声音、性格、年龄、地区等，甚至可以通过微信群试音选择心仪的"恋人"，由此展开恋人关系，为其提供情感服务。在这场"恋爱"里，"恋人"可以是遵照消费者的喜好指定的心仪对象，他们不仅可以像现实生活中的伴侣一样提供陪伴、情感支持，而且有匿名化的安全感，不会暴露个人隐私，也不会在现实世界中产生过多纠葛。由于虚拟恋人的服务是基于一对一的社交软件，有较强的私密性，监管难度较大，因此也衍生出一些打"擦边球"、欺骗欺诈的行为。在某电商平台上，"虚拟恋人"这一关键词已经自动被平台屏蔽，但如果搜索"小哥哥""小姐姐""虚拟对象"，则会有几十页与之相关的内容陈列出来。

虚拟恋人主要根据等级、时间和互动方式定价。按照等级划分，虚拟恋人一般可以分为盲盒、金牌、镇店、男女神、首席，等级一般根据客户好评度、续单率、工作经验划分，不同店铺对等级的命名有所不同；按照时间划分，一般分为半小时、一小时、一整天、包周、包月，一整天、包周、包月的每日服务时间为 4小时至 8 小时不等；按照互动方式划分，服务又分为文字语音条和语音连麦 / 实时通话。虚拟恋人的风格和具体的服务类型可以由

虚拟恋人的购买链接

可定制的恋人风格

顾客"定制"。例如，根据风格划分，虚拟男友的风格包括：霸道总裁、"奶狗""狼狗"、大叔、暖男等。虚拟女友的风格包括：萝莉、御姐、女王等。虚拟恋人的服务范围也很广，主要包括：恋爱体验、陪聊、陪打游戏、哄睡叫醒、陪写作业、学习监督、代打电话等。服务类型依客户的需求而定，一些店铺甚至会提供扮演七夕青蛙、鸭子、唢呐等角色扮演服务。

根据相关报道，2014 年下单一次虚拟恋人服务的价格不到20 元 / 小时，2017 年一单的价格也不会超过 50 元 / 小时。而如今，随着虚拟恋人的几次蹿红，越来越多人看中了这一块市场，虚拟恋人的价格也早已翻番，服务的分类和收费标准也更加精细。2021 年 7 月，我在淘宝和公众号上收集了十几家虚拟恋人的服务价格，各家店铺的定价水平都不相同，其中文字语音条的价格为40—200 元 / 小时，语音连麦 / 实时通话的价格为 50—380 元 / 小时，时间越长，价格越高。其中，一些店铺还会分时段收费，即夜间单（店铺对夜间单的定义不同）价格双倍。

文语聊天

	盲盒	金牌	镇店	男女神	首席
半小时	20	30	40	50	80
一小时	40	50	70	90	150
一整天	110	180	250	340	550
包周	700	1000	1600	2200	3600
包月	1888	2488	3344	5200	8888

连麦聊天

	盲盒	金牌	镇店	男女神	首席
半小时	30	40	60	80	120
一小时	50	70	100	140	220
一整天	190	260	370	520	800
包周	1314	1688	1888	3344	5200
包月	3888	4888	5200	8888	13140

备注：

1、店员等级根据客户好评度以及店铺考核决定
2、切勿与店员私下交易，包月特别定制联系客服
3、0点~7点为夜单，小时单双倍价格，推荐包天更为实惠！

文字语音~

	盲盒	镇店	男女神	首席	镇撞
15分钟	20	30	40	70	90
半小时	30	40	60	90	120
一小时	40	60	90	130	200
包天	120	220	420	600	888
包周	688	1188	1888	2888	5200
包月	2222	3344	5200	13140	18888

语音连麦：

	盲盒	镇撞	男/女神	荐席	锦榜
15分钟	40	60	100	100	150
半小时	50	70	100	150	280
一小时	80	120	200	300	400
包天	230	388	580	999	1314
包周	1314	2222	3344	5200	8888
包月	3999	5200	13140	18888	28888

体验：
文字语音 10分钟 10元 语音连麦 10分钟 20元
备注：
1、包天、包周、包月每天累计服务4-5小时
2、若要为随机语音，优先选择等级高的小哥哥/小姐姐，榜单按实际等级榜单排
3、独家订制好青妹等请联系客服

文字语音和语音连麦聊天的价格明细

进入：门槛低的"赚钱门路"

圣杰从事虚拟恋人工作已有半年。

他的第一份工作是卖保险，因为没有门槛，当时的他也没有什么工作经验，认为自己也可能成为跻身高收入群体的成功人士。在意识到保险公司的虚幻成功陷阱之后，他决定迅速抽身，寻找其他的赚钱门路。

再次找工作又成了一个大难题。文凭、技能、工作经验他都欠缺，整个人也失去了锐气和狠劲，"只要能养活自己就行"是他对工作的要求。在没有工作的几个月里，圣杰躺在家里的床上，房

间里永远都拉着窗帘，阴沉沉的，他趴在床上刷着手机度过一天又一天。但"啃老"始终不能让人心安理得，于是，他也开始找门路想补贴一下生计。尽管个人客观条件在劳动力市场上不占优势，但圣杰有着好听的声音，并且自己也喜欢在手机上玩配音。于是，他在网上搜索"声音变现"，了解到声音变现的渠道主要有配音、有声书、虚拟恋人等，其中虚拟恋人的门槛比较低，于是，他通过关注一家虚拟恋人店铺的微信公众号，应聘并开始了这份新的工作。

虚拟恋人的确是声音变现的途径里门槛最低的一种。虚拟恋人的招募，一般会考察应聘者的声音、长相，如果有其他才艺（如唱歌、乐器）则更加分。因为工作时间、内容灵活，虚拟恋人吸引了许多兼职的人，圣杰是为数不多的全职从事这份工作的人。"找工作挺不容易的。"圣杰很坦诚地说，"但是做了（虚拟恋人）之后我也不折腾了，因为我也没有那种挣大钱的欲望，也没有想特别拼搏，至少现在没有。大概熟悉了之后，慢慢做就好，因为这个也够我生活。我一天接一单两单都可以，我本来就比较随意，早上出去跑跑步、弹弹吉他，晚上做做饭，我现在没有什么太大的追求，不想委屈自己"。

圣杰每天的工作时间比较灵活，一般在四五个小时左右，包月客户另算。圣杰没有告诉父母和朋友自己的工作，他从家里搬出来，自己在另一个省的城市租房住，经营着自己的工作和生活。他每天的生活也非常简单：接单、跑步、弹吉他，他也断绝了自己的一切社交，因为他认为"那些没什么意义，并不觉得快乐。所有的娱乐不就是为了让自己快乐吗？但我不需要"。

扮演"恋人"

> 我住长江头，君住长江尾。
>
> 日日思君不见君，共饮长江水。
>
> 此水几时休，此恨何时已。
>
> 只愿君心似我心，定不负相思意。
>
> ——《卜算子·我住长江头》

这首词道尽了恋人的相离之远与情之切切，女主人公对爱情的期望和对心上人的相思犹如江水不绝。但如今，似乎我们很难再想象一个女子望穿秋水，思情郎、盼情郎的情景。

2020 年七夕之际，社交软件探探联合中国社会科学院发布了《95 后社交观念与社交关系调查报告》。报告发现，"95 后"人群的婚恋观呈现新旧交织、开放和保守并存的双面爱情观的特征。一方面，他们有着独立追求爱情的勇气和浪漫；另一方面，他们内心深层次中又极为理性，对现实物质基础较为看重。此外，女性用户也开始在社交软件上活跃，线上社交为她们拓展了社交圈子的边界①。青年人的爱情既不是情浓两相依的你侬我侬，也不是只要面包不要玫瑰的一致合意。他们渴望浪漫，但纯粹的浪漫无法获得进入亲密关系的入场券；他们渴望爱情，但又无法随时展开

---

① 探探，中国社会科学院 .95 后社交观念与社交关系调查报告［EB/OL］. http://www.zhitouwang.cn/news/detail/92695.html.

一场责任沉重的爱情。然而，人们对亲密关系的需求和渴望始终存在，它以一种特殊的形式出现在现代社会。

"理想恋人"：想象和真实需求的满足

虚拟恋人是虚拟的，却满足着人们真实的需求和想象。现代社会，声音也成为一种被制造出来的审美而被商品化，承载着人们对亲密关系的想象和期待。什么样的人才能够成为"理想恋人"？因为只需要通过声音与客户沟通，所以对虚拟恋人最重要的标准就是声音好听。为了让客户听到的声音更有吸引力，许多人会尝试改变自己的嗓音以迎合客户的需要。男性虚拟恋人通常会压低自己的嗓音或训练出"气泡音"①，这种有磁性的声音更容易满足客户的想象和需求。女性虚拟恋人则往往会让自己的声音听上去更细、更甜美、更温柔。但是，声音上的刻意塑造也要符合人设，例如"霸道总裁"的声音就要比较低沉厚重，但"小奶狗"的声音可以相对更活泼；"萌妹"的声音要甜美可爱，但"御姐"的声音可以更霸气。

除了声音以外，虚拟恋人还需要能聊天、会聊天。他们需要在该倾听的时候倾听，该安慰的时候安慰，该暧昧的时候暧昧，该大尺度的时候大尺度，一旦聊天的氛围比较低沉还得及时找话题，不能冷场。这种聊天的能力既需要他们自身性格比较开朗随

---

① 最初的"气泡音"是气流通过喉腔时，将闭合的声带中间部分吹出一个小洞，由于气流与声带的边缘摩擦产生断续振动，经喉咽腔共鸣而发出一串颗粒性的像冒泡泡一样的声音。

和，有比较丰富的和异性（或同性）沟通交流的能力和高情商，也需要通过工作不断积累。新手最初也需要摸索如何能获得客户的满意，需要向客服、店主甚至店铺里的其他虚拟恋人请教方法。随着经验越来越丰富，应对不同的客人也就越发驾轻就熟。由于虚拟恋人是以一种触不到的方式制造着有关理想恋人的幻象，因此为了使这种形象更加丰满，有的店铺在招募虚拟恋人时也会需要应聘者提供生活照，更倾向招外貌条件好的应征者。

完美的恋人并不存在，但完美的"人设"是存在的。"人设"指的是人物设定，虚拟恋人店铺在招募到新员工后，会根据他们的声音、性格、外形、年龄、职业给他们符合他们个人特性的人设，劳动者只需要在劳动过程中不断贴近和强化"人设"即可。因为互联网创造了一种既联系又隔绝的交往方式，因为没有线下的互动，基于人设的表演足以满足客户的绝大部分幻想。

但圣杰却否认了"人设"的重要性："那些（"人设"）其实没啥用，这个东西（虚拟恋人）就是人和人之间的交流。比如你今天来采访，我就要把我知道的东西如实告诉你；如果需要我扮演什么角色，我就去做。我要让你在遇到我的时候，觉得是值得的，让你觉得钱花的是值得的，我不能敷衍。我觉得就是尽量给一些帮助，情绪上的帮助和支持，如果需要的话就开导一下。"

他对自己的定位更多的是一个情感宣泄的出口，是一个倾听者、陪伴者，而不是在完美"人设"下按照指令进行的虚假演员。"可能需要展示自己不同的一面，但那都是我，如果要演一个根本不是自己的人，那根本不是我，我又不是个戏子。我只提供情绪上的力量、情感上的支持，这种东西很难演出来。你无聊的时候我就多说一点，如果感兴趣了，肯定有反应的。你来找我说明肯定是有目的的，只是有时候那个目的你自己意识不到，这也是有可能的。"圣杰说这话的时候很认真，我更是频频点头。恋爱本身有点像两个害怕孤独的人逃避现实的一种手段，而在和虚拟恋人交往的过程里，害怕孤独的人找到了由于金钱的关系而短暂地绝不会背叛他 / 她的倾听者。

分成和考核

虚拟恋人主要通过声音与客户联系，因此，声音成为包装和销售虚拟恋人服务的关键。许多店铺会提供"试音"，甚至"试照"的服务。有的店铺会将购买较高等级服务的客户拉进群，在群里，这些跃跃欲试的虚拟恋人以语音条的形式介绍自己，展示自己的声音、性格和爱好；有的店铺则关联了微信公众号，通过公众号，客户可以听不同编号的虚拟恋人的语音自我介绍，挑选心仪的"对象"。

虚拟恋人的工作时间是弹性的，但工作时间和地点的弹性并不意味着这就是一份毫无压力的自由劳动。一方面，单量和单均价与他们所能获得的报酬密切相关，接单越多、工作时间越长，才能拥有更高的收入；另一方面，报酬还与他们的等级有关。接单越多、续单率 [①] 越高的虚拟恋人，更容易获得等级上的提升，从

---

① 续单指的是客户在原先购买的服务时间到期后，继续购买时长；或是在一次服务结束后，再次指定同一个虚拟恋人服务。

而有更高的单均价（即等级更高，价位表上的定价更高），由此便激励了从业者努力工作。

虚拟恋人和店主对客户消费的金额有特定的分成比例，等级越高、单均价越高，则收入越高。圣杰所在的店铺，店铺的抽成比例是50%，也就是说，每完成一单，圣杰可以获得顾客支付的一半的钱作为报酬。

虚拟恋人的服务游离在"有情"与"无情"之间。"有情"指的是在"被购买的时间"里，要向客户提供令其满意的情感服务；"无情"指的是在付费时间结束后，能够及时脱身而去，最好是能够引导客户再次消费。

花钱"买爱情"

我欲与君相知，长命无绝衰。

山无陵，江水为竭，冬雷震震，夏雨雪，天地合，乃敢与君绝。

——《上邪》

过去的爱情总是绵长恒久的，深陷爱情的男女相看两不厌，执手相伴，只羡鸳鸯不羡仙。旧时人们用"情比金坚"形容爱情的坚不可摧，以"山无陵，天地合"的誓言表达恋人间至死不渝的坚定情谊。而如今，爱情开始走下神坛，走上"货架"，人们像买东西一样开始挑选期待的"恋人"。

谁是爱情的消费者?

什么人会花钱买爱情?根据澎湃新闻的调查,某电商平台销量较高的相关店铺所关联的公众号中,关注者的性别分布上,73.90%(8630 人)为女性,男性关注者则占不到三成(26.10%,3048 人)[①]。澎湃新闻对某电商平台销量较高的店铺的微信公众号的关注人进行分析发现,关注该店铺公众号的人多来自上海、北京和广州。[②]大城市工作压力大、节奏快,极大挤压了人们的休闲娱乐时间,年轻人也很难有时间、有机会拓展交往圈子,但巨大的生活压力难以排解又需要发泄口,因此更可能通过互联网寻找能够倾诉的对象,虚拟恋人成为其中一种渠道。

圣杰认为,绝大多数找虚拟恋人的人,都是有情感上的需求。"第一,不差钱;第二,有情感上的需求。比如抑郁症,压力很大,就想找个人陪着聊天。"

另外,虚拟恋人的消费者普遍比较年轻,客户还没有成立家庭,但情感需求持续存在。相比其他满足消费者情感需求的娱乐消费,虚拟恋人不仅便宜,而且没有身体上的直接接触,对消费者而言也少了很多麻烦,因此成为部分年轻人的选择。

---

① 林影 . 氪金之恋:与虚拟恋人共度七夕 [EB/OL] . http://m.thepaper.cn/rss_newsDetail_8876976.

② 林影 . 氪金之恋:与虚拟恋人共度七夕 [EB/OL] . http://m.thepaper.cn/rss_newsDetail_8876976.

他/她为什么"买"爱情

流动的现代性与液态之爱

"流动的现代性"是鲍曼在对现代性的研究中提出的，他用"流动的现代性"替代"后现代性"概念。在鲍曼看来，现代性并没有终结，但不同于此前的沉重的、固态的、系统性的现代性，是一种流动的、轻快的、网状的现代性。[①] 在流动的现代性里，行为的价值和规范变得越来越模糊和多样化。这样的生活犹如漂浮在事物的表面，但却更凸显出个体的独立和自由。规范和价值不再是固定不变的，而是可以被创造的，更加灵活、模糊、短暂、个体化和私人化。[②] 流动的现代性体现在生活的方方面面，亲密关系自然包括其中。

齐格蒙特·鲍曼（Zygmunt Bauman）在《液态之爱》（*Liquid Love*）一书中提出，高度发达的现代性使现代人的情感也呈现出一种矛盾的张力。一方面，我们需要独自应对充满风险的现代社会，时常觉得很容易被抛弃，因而渴望安全感和困难的时候能够得到依靠，渴望与人交往；另一方面，人们又对"被连接"的状态充满谨慎态度，尤其是永久性的联系，因为这种永恒的关系被担心可能会带来负担或导致压力，甚至只是限制了人们的

---

① 齐格蒙特·鲍曼.流动的现代性［M］.欧阳景根译.北京：中国人民大学出版社，2012.

② 塔杜什·布克辛斯基，马建青.齐格蒙特·鲍曼论流动的现代性时代的道德与伦理［J］.苏州大学学报（哲学社会科学版），2017，38（4）:10–16.

自由。如今，人与人之间的连接更似一种"虚拟关系"（virtual relationships），不再像过去一样与长久的承诺绑定，而是成为一种来去自如的浪漫。爱情关系变得愈加不稳定，长期关系成为一种奢侈，互联网更是助推了这种"液态之爱"。一方面，移动通信工具和互联网平台使爱情的交易和供需双方的撮合变成可能，虚拟恋人服务得以商品化；另一方面，互联网影响了人们的工作和生活方式，使劳动者的工作和生活边界更加模糊，压榨了人们的私人生活空间，使之只能通过虚拟世界寻求情感满足，这进而影响了人们对情感的态度。

圣杰像是在说他的客户，又像是在说自己："压力太大了，社会矛盾积累太多了，情感也变得冷漠了，情感上的压力没有办法排解。随着一部分人富起来，他们的情感压力可以通过钱解决；但有些人没办法通过钱解决。说到底还是情感上的需求创造了这个职业吧。"

"她的喜欢是真的，但也只有这一刻是真的"

对于消费者而言，虚拟恋人更多的是作为宣泄情感的出口、短暂的陪伴者和可以提供一些情感建议的帮助者。然而因为部分问题过于私密，又以最直接的方式传达给陌生人，所以，这种信任有时不可避免地会发展成暧昧或者是产生更亲密的氛围。尽管虚拟恋人创造的是一场类似爱情的幻觉，但也许正是隔着屏幕的亦远亦近的距离反而让人上瘾，就像站在顶楼看一场盛大的烟火秀，烟花在空中绽放、恣意美丽，观看者欢呼雀跃。从虚拟到现实，总不乏有人想要逾越这道屏障。

"真的会有人喜欢上虚拟恋人吗？"我问圣杰。

圣杰没有断然否认："她们都是把我当朋友。当然也有那种喜欢我的，家里很有钱，让我过去。"

我带着好奇追问："那你会去吗？"

他这次立刻回答："当然不会啊，不然我还坐在这里？门不当户不对。虽然说所谓门当户对以前是门第，但现在是知识、收入、见识，不匹配的话完全没有必要，到时候肯定会有各种分歧。比如，你一个月2000块钱生活费够花，人家一个月一万块钱生活费，消费水平完全不在一个层面上，到时候会产生各种矛盾。她的喜欢是真的，但也只有这一刻是真的，是会变的呀。我不否认她的感动、她的欢喜，那些都是真的，我能感受到，但我不相信她以后也是这样。"

我若有所思："所以你觉得在这一段时间内，你陪伴过、支持过就够了？"

圣杰又用他惯用的语调，慢慢悠悠但又不乏真诚地回答我："对。世界上我遇到的好女孩太多了，但我自己确实能力有限。"圣杰对于来自客户的喜欢始终保持着几分清醒。

正如他所说，"她的喜欢是真的，但也只有这一刻是真的"。尽管是一场基于互联网、以虚拟外壳打造的爱情幻觉，但"虚拟"却全然不同于"虚假"。通过互联网，他们认识了天南海北的陌生人，却要以不同于陌生人之间的亲密方式陪伴对方一小段时光。让圣杰印象深刻的一个女孩，家庭条件很好，但父母离异了，并且都各自有了新的家庭。女孩很敏感，很脆弱，但也离不开爸爸给的钱。女孩的警惕、敏感、对生活毫无动力让他牵挂，也让他难受，因为他觉得，对这个女孩来说，他不管怎么跟她聊或者给予怎样的陪伴，都不会让女孩的生活因为他有什么改善。

然而，圣杰没有意识到，他在某方面也像极了这个女孩，像极了一只敏感的猫，对生活丧失兴趣和动力，外热内冷，总带着某些疏离的警惕。

现实爱情之重

在现实生活中，圣杰没有谈恋爱，我接触过的其他虚拟恋人也都表示没有谈恋爱，当然真实性不得而知，单身的说辞也许也是对外的一种"包装"。他们通过在虚拟世界"贩卖"爱情和幻想获得收入，却在现实世界里坦然地将恋爱的机会拒之门外；他们练习了一百次爱情的"练习题"，却会主动撕掉真实的"爱情考卷"。但他们并不把这归咎于这份工作，而是归咎于更残酷冰冷的现实，在流动的现代性里，爱情似乎难以找到安身之所。

我问圣杰："你会觉得是这份工作让你接触太多女生，投入太多情感，以至于在现实生活中反而不能真正爱上某个人吗？"

"这倒不至于。只不过谈恋爱时想的事情很多，很多准备工作要去做，要去赚钱。不然等你孩子生下来以后，发现不能给他更好的，到时候多难受啊。自己都活得那么累，结婚了养孩子不更累？给不了孩子更高的起点，那还不如一开始就不要出生。"

我明明问的是恋爱，圣杰回答我的却几乎都是有关婚姻和家庭的内容，他自己也没有意识到。一方面，他骨子里仍然是传统的。在他20多岁的认知里，恋爱、婚姻和家庭就是一体的，是共生的。没有经济基础就没有资格开启一段恋爱，然而他还无法承担三者捆绑交织带给他的压力。另一方面，爱情看似在变得快速、即时、流动，但这种爱情又并不是他所寻求的能给他带来安全感、带来动力的美好事物。他无法在这些纯粹摆脱责任的"快餐爱情"里获得满足和认同，对他来说，爱情是奢侈的，因为爱情附着着更大的压力，那是他无力承受的。

圣杰在虚拟世界听着别人的故事，甚至扮演着别人的恋人，却在现实生活里成了一个"罗曼蒂克绝缘体"，而且主动放弃追求爱情的权利。他认为自己不配，认为自己没有资格，仿佛现实的亲密关系不是两情相悦的圆满，不是浅尝辄止的游戏，而是发展出了一套无比残酷的竞争规则，成了一场充满猜忌和斗争的资格赛。

但我并没有否认他，在永动机一般高速运转的现代社会中，爱情早已不是花前月下的浪漫寄托，许多人踟躇在一段恋情的门外，觉得自己没有入场的资格。在某种程度上，我甚至也赞同。

真的满足吗？

对于使用者而言，使用虚拟男友和使用虚拟女友是怎样的体验？虚拟恋人是否真的满足了他们"买爱情"的初衷？是否真的满足了消费者的期待？我整理了某问答平台的"使用虚拟男友是怎样的体验""使用虚拟女友是怎样的体验"，以及某电商平台上销量较高的虚拟恋人店铺的评价，发现对虚拟恋人的使用体验呈现两极分化的状况。

虚拟恋人部分使用体验

正面评价	负面评价
"撩中带甜，有一种莫名的安全感"	"和一个陌生人聊天真的好难聊下去"
"虚拟如此美好，不要和真实世界混在一起就好"	"饮鸩止渴，前后落差大"
"感觉好像花钱找了个树洞"	"本质上终究是一场交易，一旦交易结束，我们就立刻回归到各自的生活"
"虚拟恋人和真实恋人的确有差别，虚拟恋人是'陌生'的恋人，你可以把所有的心里话都说出来；虚拟的恋人还可以按照你的要求来恋爱"	"你服务我花钱，别把对方的话当真，也别因为一些夸赞和甜言蜜语就先上头，图新鲜可以，长期把钱花在这上面甚至当作精神寄托不建议"
"会心动，频繁聊天也会产生恋爱的错觉，我自己在尽量抽离"	"资本把爱异化罢了"
"聊天过程放松，对方热情，而且可以根据用户要求变成各种性格，挺有意思的"	"不给钱就马上失恋"
"陪我度过了最难过的时候，差点以为这是真实的存在，完全是人生理想型"	"其实蛮感动的，但也的确更失落了"
"很治愈，适合疗情伤"	"最后一直让续单，不过这个行业就是这样吧"

工厂社会化与情感商品化

20 世纪六七十年代，在高度发达的资本主义社会中，意大利自治论马克思主义者马里奥·特龙蒂（Mario Tronti）看到了工厂社会化的端倪。特龙蒂认为，资本的庞大力量使一切社会因素都卷入资本增殖的过程之中，社会变成了工厂的延伸。①

特龙蒂预言，资本主义作为一种制度将会侵入整个社会的方方面面，工作和休闲之间的界限会变得越来越模糊。实际上，特龙蒂的预言已经实现了。传统的生产过程已经不再是价值生产的唯一场所，数字媒体的广泛使用进一步催化了非物质劳动的发展。移动通信设备使生产和价值生产摆脱了特定空间和场所的束缚，这些过程可以随时随地发生，此时，社会也就变成了工厂。现代社会不仅正在工厂化，也在"流动化"。鲍曼对流动的现代性与人的结合关系的论述中提出，现代性正在从"固体"阶段向"流动"阶段过渡。在这样日趋不稳定的世界里，人与人的结合关系和合作关系往往被看成是被消费（consumed）的东西，而非被生产（produced）出来的。社会存在的不定性，促使人们把周围世界看成一个供直接消费的产品的聚合体，这也使得人们稳固的结合关系变得困难重重。②人们的结合、共同体和合作关系都趋于枯萎和瓦解。正是从这个角度，我们可以重新理解现代性和此背景下出现的新工作、新劳动。稳定的、固态的关系被打破，取而代之的是不定的、漂浮的短暂连接。虚拟恋人作为情感商品化的产物，满足了人们即时的情感需求。资本瞄准了这些需求，包装出了虚拟恋人这种服务。

---

① 张早林. 工厂关系的计划化、社会化和世界化——意大利自主论马克思主义"工厂社会"思想的三个发展环节 [J]. 山东社会科学，2018（7）：82-88.

② 齐格蒙特·鲍曼. 流动的现代性 [M]. 欧阳景根译. 北京：中国人民大学出版社，2012：270-271.

霍克希尔德在对航空空乘人员的研究中，在吸收戈夫曼的拟剧理论的基础上，提出了情感劳动的概念，即员工需要管理自己的情绪，并按照组织对面部表情或身体语言的要求来表演，从而满足工作角色的需要。越真实的情感，就越发具有价值，情感性工作想要实现更人性化、具有更高的价值，就需要进行"社会操纵下的深层表演"（deep acting with social engineering），即"消弭表演的虚假性与性情流露的真实性的界限"。①

但虚拟恋人的劳动又并不完全是劳动者单方向付出和投入的情绪游戏，而是劳动者和消费者之间相互影响的关系，是一种主体间性。虚拟恋人只通过劳动者单方面的"花言巧语"是无法成功的，还需要与客户的互动，甚至是双方角色扮演以及在特定时间共同的情感维系。

在虚拟恋人的劳动过程中，剥削并非不存在，而是更加隐蔽了。通过情感的商品化，资本将"恋爱"也打包成快餐式的商品推向市场供人们挑选。劳动控制的隐蔽性体现在以下两点：

一是不仅消费者拥有选择权，劳动者也拥有了选择权。在多数虚拟恋人店铺里，都是店主在群里发单、服务提供者自主接单的形式，店主会提供关于下单者的一定信息，服务提供者可以自主选择是否接单以及接多少单，这种工作自主性机制使资本的控制更加隐匿。

二是职业领域和私人情感的高度重叠，使得工作场景下的剥

① 淡卫军.情感，商业势力入侵的新对象——评霍赫希尔德《情感整饰：人类情感的商业化》一书［J］.社会，2005（2）：184-195.

削变得更不可见。由于虚拟恋人的工作不是单纯的由服务提供者向消费者提供单向的服务，而是一种高度互动的、双向的情感活动，在这一过程中，双方的情感都会不可避免地卷入，这种卷入过程使得劳动者会将其带来的好与坏的体验归咎于服务消费者而不是资方。这种劳动过程也使劳动关系变得模糊。虽然经营着虚拟恋人店铺的店主只充当了撮合供需双方的桥梁作用，但他们从中抽成，同时通过给虚拟恋人分等级，刺激他们升级并提高剩余价值的获取。劳动者完成着一单单服务的订单，直接给他们发钱的是店铺店主，但背后真正的"金主"是消费者，因此他们需要投入大量的情感以获得消费者的认同。这种松散化的关系完全规避了劳动关系的确立，劳动者既是自由的，也是被控制的。这种极其隐蔽的劳动控制和自主化、个体化的工作形式使得马克思所勾勒的劳动者的联合和反抗在这个行业几乎不可见。部分虚拟恋人会对自己与店铺的分成比例不满意，从而选择跳槽到其他店铺、多个店铺同时接单或者自己在网上开店，由于与其他服务提供者存在竞争关系，他们极少将不满向同行抒发，更不可能采取抵抗剥削的共同行动。

我们赞叹于互联网所带来的"奇迹"——相互陌生的、现实生活里可能是平行线一样存在的人们会在互联网上相聚，虚拟恋人在特定的时间以这样明码标价的陪伴服务抚慰着服务消费者的心灵、倾听对方的心事，甚至以甜言蜜语的方式让服务消费者拥有类似爱情的体验。

在孤独个体组成的世界里，看似欢欣自由，但危险和恐惧实则无处不在。这种奇妙的情感商品的确不免被金钱和商品关系裹挟，但也切实让两个个体短暂建立起了社会联系和支持，有些人在这种支持里获得力量，有些人则迷失其中。虚拟恋人自出现以来也招致了许多批评的声音：一部分人认为，花钱为自己的孤独买单，在虚拟的亲密关系中寻求满足，不利于青年群体在现实生活里形成正确的价值观、情感观；另一部分人则更多关注虚拟恋人可能带来的隐患，包括引导消费者无止境续费、欺诈、软色情服务、未成年人应聘上岗等问题，由于虚拟恋人的服务比较私密，也使行业乱象屡禁不止、监管难以深入。无论是从青年人可持续的情感发展还是从劳动伦理来看，虚拟恋人仍存在较大争议。

高度的情感运作和在表演剧本内运作的行动体验，更可能导致情感的异化。情感商品化和情感劳动市场的形成要求服务人员对情感的深度演出。当原本作为人与人之间独特情感的爱情剥离于自身的内在情感，尤其是当这种情感被用于商业目的，情感成为获得价值的工具时，情感异化不可避免地出现。[①] 过去的情感劳动中，这种异化仅仅是针对服务人员而言的，因为他们在商业组织的要求下，表现尽可能真实的情感，压制自身的主体性，甚至让他们自己也很难分辨"真实的自我"和"表演的自我"；但在虚拟恋人这种服务购买者和服务提供者之间进行高度情感互动的情感劳动中，异化可能是相互的，消费者也面临着情感的异化和虚拟—现实情感模糊的困境。

---

① 王鹏. 消费社会的情感劳动及其异化［J］. 云南民族大学学报（哲学社会科学版），2013（4）：60-64.

人与人之间的联系因为松散而令我们感到自在，但也正因为如此，它也十分不可靠，就像是漂浮着的一块孤独的海绵，挣扎求生的个体不知将希望寄托在哪一块礁石上，更不知在何处可以拥有获救的依靠。①

---

① 齐格蒙特·鲍曼. 流动的时代［M］. 谷蕾，武媛媛译. 南京：江苏人民出版社，2012：30–31.

第三部分

知识付费的时代

问与答：一个哲学博士对 Z 平台成长的见证

郑梦媛　张　扬 [①]

编者按

　　从小，人们在学习中就知道"知之为知之，不知为不知，是知也"，不懂的就要问，叫"不耻下问"。以前，人们会去查各类词典，会在《十万个为什么》中找答案。互联网时代，平台为人们提供了快速和便捷的问答需求，郑梦媛与张扬讲述了一位哲学博士和 Z 平台有关"问与答"的故事。在今天的网络世界中，有心人要做知识变现已唾手可得。

　　不知你的生活中是否会有这样的一幕，当夜色降临，你结束了一天的奔波与劳累，享受了热水澡的放松后，一边擦着湿漉漉

---

　　① 郑梦媛，北京大学社会学系 2020 级硕士研究生；张扬，南昌航空大学光电信息科学与工程专业 2020 届毕业生。为了了解网上知识付费的情况，他们浏览了大量的网页，也联系到一些 B 站（哔哩哔哩）的 UP 主，既感受到知识付费的多样性，又感受到"知识就是力量，时间就是金钱"带来的冲击。

的头发一边和家人或室友谈论着读书时的梦想。想必在那个风声雨声读书声的岁月里，我们都对步入社会以后的生活有着或大或小的期盼。虽然并没有"修身，齐家，治国，平天下"的书生意气，但是与向"钱"奔波或许并无太大关系。潮起潮落，那些成绩渐渐被尘埃所埋藏，每个人都不得不奋力地把这几年甚至二十几年所读之书、所学之术变成真正的"黄金屋"。这是一个知识变现的时代，文化资本借助平台实现向经济资本的转化。萧然与Z平台8年长跑的故事正好展现了这一过程。

十几年间，互联网经济飞速发展，互联网行业也出现了巨大的变化，就知识问答方面而言：Z平台，从邀请制下的小众的精英化平台转变为开放注册制下的大众知识问答社区。

从精英互助到知识付费

伴随着科学技术的飞速发展，2009年迎来了移动互联网时代。PC端（personal computer）逐渐进入越来越多的普通人的家庭。2010年，Z平台在时代洪流的推动下诞生了。但是当时的Z平台并不是向社会大众开放的，或者说它并没有向绝大多数人敞开门户。2013年之前，Z平台都是实施邀请制的。也就是说想要进入这个圈子，需要一个引路人的邀请，才有准入资格。

2013年，Z平台突然宣告：将准入模式由邀请制改为开放注册制。Z平台的商业化在2016年以后开始，曾经的精英互助圈子也转变成知识付费的商业模式。2019年后，开始了激进的商业化运作。

萧然是一名"90后",他是标准的"生于斯,长于斯"的上海人。用萧然自己的话概括便是"祖辈也一直在上海,父母都是比较普通的公立中学的老师"。与大多数"90后"的经历类似,萧然高中之前的生活平静又普通。报考志愿时,萧然和身边的大多数人一样不确定自己想学什么专业,却又能坚定要在人文社科之中选择。这时高中时期的种种经历潜移默化地影响着萧然的抉择。最终他踏上了PPE专业这条道路。本科毕业之后,萧然赴芝加哥大学读社会科学的硕士,目前在国外读博。因为专业相符,萧然在Z平台中成为一名哲学领域的优秀答主,而这一做便是8年。在过去的8年里,萧然在这个平台上有收获也有付出,有喜悦也不乏矛盾,有"情投意合"之时也有"委曲求全"的日子。跌跌撞撞中,他和Z平台的故事从时间的一端开始,并向另一端延续而去。

2013年之前,Z平台实施邀请制。当时的萧然的处境大概可以用"思而不得,辗转反侧"这8个字概括。Z平台像是一名让萧然心驰神往的"大家闺秀"。但奈何门户之见,又缺乏"媒人"作保,萧然对其只能"念念"却"不得见"。当时Z平台是个很小众的平台,用户有很强的精英属性,非常反对商业化。

2013年,Z平台将准入模式由邀请制改为开放注册制,萧然也如愿以偿地进入了这个曾经将其拒之门外的圈子。2013—2016年,Z平台的精英氛围依旧很浓重,整体依旧很反感商业化。

在萧然刚与Z平台相遇时,Z平台与今日的激进商业化后的Z平台还是有太多的不同。最主要的差别便是那时的Z平台更像是一个精英圈子的互助群，并没有太多商业模式。在 2013 年前后，Z 平台的知识付费、商业广告、会员制等一系列的收费项目还未诞生。

这种小众圈子内的问答与拒绝商业化，其点击量和经济效益是十分受限的。萧然的账号上最早的一篇问答是 2014 年发表的。当时的萧然的点赞量、粉丝量与阅读量也偏少。所谓的知识变现也无从谈起。

2016 年之后，Z 平台开始尝试商业化运作，如主打知识付费的 Z 平台 Live[①]。

在萧然看来，更加激进的商业化是从 2019 年开始的，萧然说："2019 年 3 月，Z 平台推出了付费项目'盐选会员'，8 月，Z 平台正式启动 MCN 机构招募，之后，又有了'好物推荐'。2019 年、2020 年左右，才出现'品牌任务'。"[②]

2021 年的第二季度，Z 平台各方面的收入大幅度增长。

在线问答社区 Z 平台 2021 年第二季度财报：Z 平台线上广告业务在该季度收入为 2.483 亿元，同比增长 48.4%，占总收入比例的 38.9%；Z 平台商业内容解决方案业务该季度收入为 2.074 亿元，相较 2020 年增长 1529.3%，首次成为 Z 平台第二大收入来源，占总收入比例的 32.5%；付费会员业务收入为 1.549 亿元，同比增

---

① Z 平台 Live 是 Z 平台推出的实时问答互动产品，主讲人可通过语音分享专业有趣的信息，通过即时互动提高信息交流效率。

② MCN 是 Multi-Channel Network 的缩写，指中介或经纪公司。

长 123.5%，在总收入中占比 24.3%；在该季度，致力提供职业培训和专业课程的在线教育服务，以及以电商业务为主的其他业务收入为 2778 万元，同比增长 130.9%。

从 Z 平台的财务报告上不难看出，Z 平台收入的大比例构成是广告收入、商业内容解决方案、会员等，打赏和付费咨询都已经不再是 Z 平台的主要盈利渠道。萧然的话证实了这一事实。

当然，对事物的认知在与同类的比较中显得更深刻。尽管 Z 平台自身与曾经的自己相比有了很大的进步，但是与 B 站（哔哩哔哩）等平台对比就显得稍逊一筹了。

Z 平台自身的盈利能力差，很多盈利都是在平台外产生的。Z 平台的商业化没有 B 站（哔哩哔哩）做得好。Z 平台的品牌合作，是不早于 2019 年出现的，但当时只有大 V 能接到大品牌的合作，真的做起来是在 2021 年开始大规模推广后。2021 年多了很多小品牌。而这些给 Z 平台带来的盈利也呈现指数级的上升。

激进的商业化为萧然这类答主提供了知识变现的可能。互联网的快速普及和发展再辅以 Z 平台的运作，萧然的 Z 平台账号流量激增。现在他已经拥有 8 万多粉丝，获赞 10 万以上，阅读量最高达至 200 多万。

萧然的粉丝量从 2018 年开始有很大的增长。早年的时候，自身本科阶段的知识水平有限。2018 年之后，他写的回答的数量更多了，再加上 Z 平台自身的平台用户基数的扩张，很多新用户关注了他，比如注册的时候选了对哲学感兴趣，Z 平台就很有可能推荐对方关注萧然。

在这里就有一个无法绕过的机构，那就是 MCN 机构。同为 MCN 机构博主，萧然的自由度比我接触过的 B 站（哔哩哔哩）MCN 机构兼职签约的博主要大得多，萧然拒绝了 MCN 机构要求主页简介与"商务推广 +V（微信号）"的要求后，MCN 机构也没有做强制要求。

Z 平台的 MCN 机构和大家传统的认知上的 B 站（哔哩哔哩）的 MCN 机构不太一样，B 站（哔哩哔哩）的 MCN 机构多对 UP 主的控制力比较强，对内容、更新频率、接商单、动态等有比较严格的控制。Z 平台的 MCN 的主要工作是对接客户接商单，若品牌方要做推广，MCN 的工作人员会根据博主的擅长与用户的兴趣，选择合适的博主接单。MCN 和博主的分成大约是 5∶5 至 3∶7 之间，偏大的那头是博主方，不会像 B 站（哔哩哔哩）的有些分成是 8∶2 至 7∶3，大头在 B 站（哔哩哔哩）MCN 机构。

我曾访谈的 B 站（哔哩哔哩）MCN 机构博主[1]，在谈及分成时表示，机构拿大头，约是五成到八成，MCN 机构对接商单、内容创意、脚本、视频制作等方面都有较多把控，这也印证了萧然的话。

Z 平台，对于萧然来说，不仅仅是日常的消遣渠道，也是一个变现的平台。

---

[1] B 站（哔哩哔哩）MCN 博主，合同性质分为全职约和兼职约，全职约需要全职坐班，兼职约与其他 MCN 工作人员线上沟通即可；全职约有底薪，分成会更低，兼职约无底薪，分成比例会更高。

萧然在 Z 平台上的投入分两种，一种是日常刷 Z 平台、写回答；另一种是目的性很强的投入，写软广。他看到自己感兴趣的问题，就会用零碎的时间写回答。

萧然在 Z 平台上的收入大体分为两种：一是从付费咨询、打赏以及 Live 中直接获得的收入，另一种便是通过品牌推广或者好物推荐所收获的间接收入。

付费咨询的价格是博主自己设置的，范围为 1—2000 元，萧然设置得比较高，图文咨询 500 元，这是因为他不太想接付费咨询，所以他特意定了比较高的价格。提问者可以与答主对话的次数是有规定的，这也是答主自己设置的，萧然设置了 4—6 次。其中，公开咨询旁听的付费 Z 平台会抽 1%，剩下的费用提问者和回答者各一半。付费咨询和打赏的收入，Z 平台都会抽成 1%。

关于付费咨询的回答以及 Live 不仅是直接收入的一种方式，更是间接收入的登山之梯。写回答对萧然来说，是在经历一个输入与输出的过程。在投入时间用所学知识为他人解惑的同时，萧然最直观的效益便是收获了一定的经济回报。同时，在这个过程中，萧然也积累了粉丝量和点赞量，当粉丝量达到一定程度后，品牌推广也随之而来。大体机制分为两步：第一，品牌通过 MCN 机构找到萧然；第二，萧然接受品牌方任务在 Z 平台上写软广（即软广告，软广是花钱买内容，给创作者的创意出钱，从而为品牌方做宣传）。

间接收入的另一种形式即好物推荐，好物推荐的商品会被放到商品橱窗中，博主可以拿到一定的返佣，不过由于萧然在推荐商品的品类上受到限制，所以其收入并不可观。因为萧然推荐的都是图书，能拿到的收益只有售价的 0.7%，即使带了四五万元的货，收入也不过几百元。

对于萧然而言，在 Z 平台上获得的直接收益的大头是品牌任务，也就是商单。他平均　个月接一篇商单，一单的价格约是 3000 元。由博主自己和 MCN 机构报价，可以和 MCN 机构要求提高价格，MCN 机构也会同意，但提高 500 元对萧然来说没什么太大的意义，就一直没提。

萧然接商单的价格，比同等粉丝规模的 B 站（哔哩哔哩）UP 主的价格低。不过，萧然十分乐观，他认为在 Z 平台写一篇软广与 B 站（哔哩哔哩）进行一次推广相比，可以投入更少的时间成本。

与此同时，完成品牌任务也可能会面临诸多困难。首先，一篇软广的完成周期相对较长，可能要两三周，好在写文章的时间是分散的。一篇软广从接单到发表到 Z 平台上，萧然至少要花费两三周，具体来说，写和修改加上沟通的时间，可能需要 6—8 小时。一般来说，平均 3—4 小时一篇，但这是在一段时间内分散完成的，拟提纲大概 40—60 分钟，修改 20 分钟，具体写文章 1 个小时，再修改 20—30 分钟。如果集中起来一起做，大约要一个下午的时间。

其次，不同客户，会有各种要求，这就意味着萧然所接的软广并没那么容易完成。

对于萧然与品牌方来说，这就是"一锤子"买卖，一旦软广发表了，无论后期萧然的文章产生多大的商业价值，品牌方也不会再追加费用。

品牌任务的价格是一开始就商定好的，不会因为阅读量增加了而多付报酬，但是品牌方看到推广效果好的话，就可能会再次找博主写文，相当于做了口碑宣传。

Z 平台的主要收入来自广告。放在答主文章后的广告看似是博主本人所投放的，其实不然，Z 平台才是真正的幕后推手，博主无法从中获益。

Z 平台为更多的人实现了价值。经济价值即知识变现，是其构成这个价值的一部分。对于 Z 平台上的答主来说，社会价值的实现以及自我价值的满足也是这个价值极其重要的组成部分。

Z 平台的发展逻辑

首先，Z 平台决定如何推广，即平台拥有知识传播的决定权。其次，发布的知识是有边界的。再次，品牌任务需要报备。最后，Z 平台对图文的激励计划不足。

这其中核心的问题是平台是中心化还是去中心化运作。萧然说："Z 平台是中心化的逻辑，Z 平台觉得所有用户的回答产生的流量都是 Z 平台给的。Z 平台对于什么样的内容可以成为爆款的控制力是很强的，流量的控制力掌握在 Z 平台手中。Z 平台会把经过算法后的要推广的内容放在推荐栏里，用算法来决定推荐谁，有时候自己都不知道自己被推荐了。"

中心化作为自互联网诞生以来便逐步发展的演变趋势，具有一定的不可阻挡的性质，但是去中心化又有着它独特的优势。那么未来的互联网是中心化模式的，还是去中心化模式的，又或者是二者并行的，可能涉及互联网平台的本质，是有关知识垄断还是知识分享之间的抉择。

在这种中心化逻辑的管理之下，答主也并非完全没有有利地位。Z平台为了维持用户的黏性，也有不成文的规定，即所谓的大V特权。大V用户相较于其他用户至少拥有以下几种特权：

一是默许大V进行引流。萧然说道："我在回答里放上了自己的公众号，没感受到被限流，也不会被处理，但是几百个粉丝的平台用户，回答就会被删，甚至封禁号7天或者14天。"

二是对擦边球与敏感词汇会有更高的容忍度。"大V在触碰到灰色地带的时候，比如有大V在想法区发擦边球的色情图片，是不会被处理的，但是如果是普通用户，可能很快就被删掉了，这是经过反复验证的事情。Z平台的人工审核是24小时的，审核效率很高。"

三是大V的举报成功率很高。"大V举报写得很不好的回答，很快就可以看到处理意见。反过来说，如果普通用户举报大V的回答、想法，不太可能成功。"

萧然在Z平台的这8年的经历，跌跌撞撞。这段经历是他对互联网知识平台从诞生到兴旺的见证，折射出的是如过江之鲫的"互联网+"时代的受益者和整个平台经济的同成长、共荣辱。

类似萧然这样的知识群体的出现，让知识的实用性得到验证，拥有知识和愿意传播知识的人可能是某个淘宝电商，可能是某个主播，又或许是你身边某个平台的博主……"百样米养百样人。"知识实践背后蕴含的大趋势，即新兴的文化资本转换为经济资本的方式值得重视，知识变现和共享知识之间可能还存在着诸多与技术和人性相关的方案。

开放的自我：共情与知识变现

佟　新①

编者按

    借助互联网的推力，知识付费市场快速发展。在疫情影响下，学校不得不转为网上教学，这极大地推动了网络教育平台的发展。疫情防控期间在家办公使人们对学习的热情转移到平台，各类网络知识付费的发展相辅相成。人们已经习惯什么不会、什么不懂便立刻向网络寻找答案。通过把自己和朋友的经历记录下来，思考为什么这个时代平台的情感咨询服务会如此火热，我看到和感受到的是个体对自我和美好生活的找寻，人们以公开或隐匿的方式开放自我，通过分享找到同路人，应对因为城乡差异、性别差异、年龄差异、阶层差异等带来的不公平感和不平等感，缓解生活中的情感孤独、心理不适或关系焦虑，由此使不如意的生活变得可以接受和可以继续。人们内心对平等、受尊重和被理解的渴求支撑着他们走向陌生人组成的网络世界，共情成为平台情感服务业发展的动力机制。

　　① 佟新，北京大学社会学系教授，博士生导师，北京大学中国工人与劳动研究中心主任，参与了平台的情感咨询服务工作，对互联网平台提供的各类知识分享和情感支持有切身体会。

平台的学与教

2016 年春节期间，与朋友王雨夫妇吃饭。王雨的妻子刚刚退休，兴致勃勃地告诉我，人生终于可以放松下来，该做自己喜欢的事情了。她说："我从小的梦想就是唱歌，但是一直唱不好，就不敢唱。最近，有人告诉我一个叫 ZH 的 App，在那里可以找到老师学唱歌。"说干就干，她很快在 ZH 上找到一位音乐学院的研究生，开启了自己的"学唱歌之路"，现在已经会很高级的发声了，声音是从头顶出来的。老师很会做生意，告诉她想学好最基本的唱歌方法，至少要买 10 次课。虽然她觉得这种花费有些小贵，但一想到是为自己的爱好花钱，又充满了喜悦，这种喜悦中还透出一种自豪感，她让我感受到一种"我很爱自己的现代快乐"。

这种对爱好的学习变成购买行为的现代感，让我想起了正在读的书——《亲密关系的购买》。作者薇薇安娜·A. 泽利泽（Viviana A. Zelizer）要对话的是人们对于经济行为的"敌对"态度，在她看来，与文化内容有关的购买行为有着重要的社会关系。因为文化内容内生于社会关系中，受到人们关于双方社会关系的界定的影响，并由此来标明独特的社会关系形式和金钱转让形式。[①] 在"学习唱歌"构成的购买关系，呈现的不仅是简单的货币化的专业关系，还包含着消费者对于生活的热爱和梦想。

---

① 薇薇安娜·A. 泽利泽. 亲密关系的购买［M］. 上海：上海人民出版社，2009：46.

朋友接着和我说："像你这样有专业知识的人，应当可以帮助到人的，你的知识对人是有用的。"朋友的话给我很大的鼓励，我开始反思社会学的知识不应只是象牙塔中的论文，更应当是适用于生活真相的常识。这不仅让我进入了 ZH 成为一名"行家"，还让我一直关注知识付费的发展。我问了身边的朋友，几乎都有知识购买行为。我曾花 66 元在平台买了《程凯养生说（2021）》，还买过 400 元的瑜伽课。身边有朋友花了 2000 元买过摄影课程。平台经济发展促成了知识付费的日益普及，学习不再是校园中的事，下载 App 学做饭、听书、跟着学习跳舞、听 UP 主们的课，学习成为人们日常生活中重要的部分。

在朋友的鼓励下，2016 年春节过后，我登录 ZH 平台，成功注册账号。ZH 平台的宣传口号是"领先的知识技能共享平台"，四个理念分别是："严格的行家入选标准""数万行家分布全领域""一对一个性化交流指导"和"已有百万用户受益"。成为行家条件需要三个步骤：完成手机号绑定，完成实名认证，完成资料审核并通过。大约三天或一周后，我成了"行家"，如平台所言，"成为行家，也就成了 ZH 平台的一分子"。因为有本职工作，我只做了线下约见的一种形式。从 2016 年春天到 2021 年的秋季（2021 年 11 月 15 日），我共计接受了 83 人的咨询工作，咨询费用从一次 500 元增加到一次 800—980 元。咨询服务的过程中，每个案例都是当事人发现、探索和"寻找自我"的过程，这使我意识到，"寻找自我"成为这个时代的发问，一切的发问都是从"自我"的感受和诉求出发的。年轻人希望在亲子关系中获得父母的尊重，已婚的女性希望丈夫在婆媳关系中有表达小家的立场，人们希望在亲密关系中获得存在的意义。因此，如何共情？何为爱？如何在给予中获得？如何在自我的感受中发现他者的需求？这些问题成为带有哲学味道的讨论。在思考和学习中，我和来访者一起成长。

与此同时，我也学习在 ZH 平台上约专家，约过两次美发师，期待专家用专业的办法应对我无型和稀疏的头发。

2015 年 4 月，ZH 从北京起家，先后开拓了上海、深圳、广州、宁波、成都等 7 个城市。姬十三先后推出了两个在线教育项目——MOOC 学院和 ZH。ZH 的学员可以利用共享经济的模式，约到一个牛人，用一个多小时做专业指导。通过话题分类，人们可以根据自己的需要，快速地找到所需领域的专家。到 2015 年 11 月，ZH 平台上有了 4000 多位行家，每天平均单量是 300 单，每单的均价为 400 元，即在半年的时间内，ZH 每月的资金流水约为 360 万元。在平台学习快速发展的今天，这个量并不大，但它给需求者提供了一个窗口，找到可以聊天讨论的人。

今天的学习与成长已然超出了传统学校的按照年级和专业分配的方式，一个全民学习的时代到来了。它依赖着互联网的互联传播方式，将各类知识传递到四面八方，知识的传递者不再仅仅是学校中的老师，而是各行各业的专家，这打破了知识垄断。透过 ZH 平台，我感受到人们对专业性服务的需求，特别是对情感咨询服务的需求。

周小鹏的故事：情感咨询服务业的拓展

在 ZH 平台上，我遇到了好朋友周小鹏，她是"爱我们学院"的创始人。我认识她时，她在某网站担任首席婚恋咨询师。对情感和婚姻家庭问题的共同关注使我们成为有共同理想的好朋友。

周小鹏的行家自述：

从 2005 年进入咨询师行业，到 2006 年专注做婚姻情感心理咨询、情感心理培训，我进过很多企事业高校，也在很多国内国际大公司做过培训，国内外采访我的媒体也很多。但我个人更喜欢的还是跟来访者做个案咨询。迄今为止，我的个案咨询积累时间超过 5000 个小时，我经手的遭遇出轨的夫妻都找到了自己生活未来的方向。我从 2017 年开始创业，专注婚姻家庭关系咨询，之前曾在百合网担任首席婚恋咨询师、首席婚恋培训师，百合婚恋学院院长。用户和粉丝们对我的评价是，倾听时恬静优雅，愤慨时拍案而起，说话一针见血，直戳要害。《婚姻家庭咨询师（三级）教材》编者，国家高级心理咨询师。曾做客央视、天津卫视、湖北卫视、安徽卫视、黑龙江卫视等多家卫视情感新闻评论类节目。曾接受数家媒体采访，在多家杂志开辟专栏，为众多企事业单位进行婚恋情感培训。著作有《从明天起做一个幸福的人》《找一个有缺点的人结婚》。

1974 年出生的周小鹏是以提供专业的情感咨询服务为职业的人，也是依靠提供专业的情感知识和服务创业的人，在她的世界里，能够提供情感知识和服务的平台随处可见。周小鹏是个川妹子，性情鲜明火辣，快人快语。2005 年，因为失恋，她从老家来到北京，开始了每月 1800 元工资的北漂生活。她从免费做心理培训开始了自己的咨询事业，再到做情感指导。2017 年，她开始自主创业，建立了"爱我们学院"，她创办的"爱我们学院"刚开始时只有 10 个人，后来发展为拥有 60 多人的团队。除了 ZH，在很多人们耳熟能详的地方都能看到周小鹏。在 K 平台上，截至 2021

ZH 上的周小鹏主页

年11月20日，她有两个账号，"周小鹏"（情感领域创作者）账号下，有136.3万粉丝。在"周小鹏（爱情保卫战导师）"账号下，有135.9万粉丝。2021年11月24日，我再次见到周小鹏，她说自己在各平台网络上的粉丝加起来应当有超过千万了。对于ZH上的单子，她说："没办法，几乎不接了，因为实在接不过来。现在我每小时的咨询费是5000元，而ZH限定了咨询费最高为1500元。主要是接不过来。"

周小鹏是在线提供情感咨询服务的典型代表——她在一切可能的平台机会中拓展流量，再把需求引向课程或线下服务。

让我们来看看，人们可见的咨询服务中的劳动、智慧付出和知识服务变现的情况。

第一，"爱我们学院"最核心的业务是提供在线情感咨询服务。学院有7个咨询师，有20—30位销售，提供一个60天的情感服务项目。在这60天中，专业的咨询师提供白天的在线随时服务，项目费用12800元起。目前，最好的咨询师手里有40个左右的项目，月收入达7万元；一般咨询师手里有10多个项目，月收入在两万元左右。如在线咨询的项目中，有专门为"婆媳关系"开设的，全程的陪伴包括：媳妇自诉因为琐事打了婆婆，自己还气得不得了的情感困境。咨询师要讲有关"法律"的基本内容，要表明"打婆婆"违反常理，要求其道歉，说明其道理，并教其与婆婆相处的具体办法。这样的事情在60天内可能会不断地重复。因此，周小鹏明确地说："我们与心理咨询不同，心理咨询多是一小时的心理咨询，有边界。我们是婚姻家庭情感服务，重点是陪伴，在陪伴的过程中帮助其改变行为和观念，最终获得良好的改善婚姻家庭关系的效果。因此，我定位我们的工作是服务业，是情感陪伴。这 7 个咨询师有高度的对这一行业的认同，他们没有流动过。但是，有的心理咨询师看看就走了，他们要求的工作是提供小时服务，不能接受全天随时的需求。"

第二，在平台上卖课程。周小鹏说："我们有课程小组，主要由我负责。大家在一起讨论课程内容，分工写作。在平台上由平台卖课程，与平台分账时，他们收 10%。"我能够看到的她在平台卖的课程有几种：

·仅需 9.9 元的 "7 个训练音频，养成婚姻好习惯；7 天集中答疑，让你从知道到做到；无限次社群情感解析，可永久学习。就能将顶尖情感专家请到身边，越过越甜蜜，实现双赢婚姻！"（价格常常有变化，后来这个课程卖到了 59 元，问其原因，是因为之前有平台的推广活动，有些价格优惠是平台协商后给出的）

·799 元的 "14 天破解冷战训练课"；

·99 元的 "高情商女人实用婚姻经营手册"；

·99 元的 "正念催眠美容课"；（这个课程增长速度很快，大约三四天时间增长到 500 人）

·199 元的 "挽回爱人——7 天高效挽回"；

·199 元的 "10 天轻松化解吵架"；

·10 元的 "4 天帮你发现亲密关系致命问题"。

在 K 平台上，卖得最好的是 99 元的 "高情商女人实用婚姻经营手册"，共计有 640 人购买。

这些课程的商品化，让我想起乔治·里茨尔（George Ritzer）对现代服务业，甚至社会"麦当劳化"的批判①。"麦当劳化"是对于每个平民都熟悉的便利化和标准化点餐方式的总结，通过说明配套的点餐方式，将人类的吃饭问题标准化，由此快捷地满足人们的温饱。在此并非要讨论各类情感课程的内容是不是标准化的，而是看到这类劳动并没有改变现代服务业中的效率模式，那就是用最理性的办法归纳问题，用最便利的方式提供解决方案，在药方的购买上更自主地由粉丝自我管理实现知识变现，其产出的数量一目了然。

周小鹏的个人日程总是排得满满的。她在某地方卫视有专题节目，同时还活跃于各大卫视和平台。2021年11月4日，周小鹏在微信朋友圈晒出海报，自言"有时尚大片的感觉没（笑哭）"。

她常常在朋友圈中感叹"又加班到半夜"，第二天又能精神饱满地开始一天的工作。忙中取乐的方式是她对川菜的

周小鹏的课程海报

---

① 乔治·里茨尔.社会的麦当劳化［M］.上海：上海译文出版社，1999.

热爱，没有麻辣解决不了的问题。

2021 年 11 月 3 日，又是加班的一天，她在朋友圈中留下了一道填空题，是"不快乐"？还是"好快乐"？让大家猜一猜。我问她："你累不累呀？什么力量推动着你这样的玩命工作？"她说："最重要的是，我做了我喜欢做的事。能够帮助到人，还能挣钱。我最喜欢'陪伴'两字，我一直陪伴客户。支持我的力量就是我做了我想做的事，我帮到了需要帮助的人！"

关于加班是否快乐的朋友圈讨论

虽然当代人与爱情、生活相关的情感困境听起来都极为相似，但在每个人的生活中则是天大的事。周小鹏津津乐道地告诉我，为产生夫妻矛盾，甚至要走向离婚的男女提供辅导服务，跟进 60 天，在这个过程中能够看到两个人的情感在不断地改进。我能够感受到她作为一名职业咨询师的喜悦和成就感。但是作为咨询师或情感服务者常常会遇到各种困境，要面对不断的"内耗"，要有强大的心理来应对各种差异。她和我分享案例中不同的"三观"样态，希望在咨询中传递正能量，在服务中传递爱和责任。

咨询师的工作要不断地学习，有快乐也有苦恼。2021 年，在她 46 岁的时候，她对比了自己与 10 年前的变化，觉得自己变得漂亮和自信了，因为有"正念"，这句话恰到好处地为她自己的"激活你的女性魅力——7天自信训练课"做了广告。

周小鹏在K平台上总是不停地言说，内容包括："女人想要什么样的爱""让老公带娃会有什么样的好处""老公总是冷暴力怎么反击他""男人变心是女人的错吗？"等等。周小鹏在"心理咨询师怎么帮助别人"的话题视频中说："有三层，第一层是怎么做自己，自我成长，帮助女性做一个独立的女人；第二层是如何和另外的人，父母、丈夫和婆婆等黏合在一起，就是如何沟通和互助；第三层是我们如何能够在社会上有更好的生活，建立自己与他人、与社会的好的关系。"面对自我的拷问，有跟帖说："这段时间每天都很压抑，想自己的人生，婚姻，家庭，种种的事情，这就是在成长吗？"这是在有声地传递着知识，此处，有回声，这将在下面讨论。

在各类平台上，有各种各样的课程在进行着。年轻人喜欢的B站（哔哩哔哩）平台是著名的课程汇聚地。知名博主、中国政法大学教授罗翔是B站（哔哩哔哩）最受欢迎的UP主之一，他以"张三"为例，生动地讲解刑法，教育了无数的人。他的视频，到2021年11月20日，已有20亿的播放量，他的讲课中有知识，还有国人缺少的幽默。从2019年11月18日开始，截至2021年10月15日，他已陆续捐赠18笔，共计370744.79元。捐助项目主要为助养与助医，受助人包括儿童希望北京小家、真爱儿童社工服务、儿童希望河南明德班8班等。

20亿的播放量！这是多么辉煌的成绩！作为教师足矣。

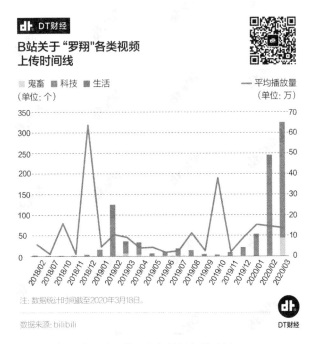

关于罗翔在 B 站（哔哩哔哩）相关视频的统计

得益于信息传播和存储方式的进步，2010 年后移动互联网技术的飞速发展，全国各地的人们，无论长幼都能收看到各类课程。平台将选择权给了大众，一个全民学习的时代由此开始。对于讲授而言，知识不仅是力量，知识还是金钱，是职业，是劳动，是生计。

社会学界的出圈教授沈奕斐，她的理想就是要让大众理解社会学的知识，接受社会学的理念。她入手的领域亦是情感服务，一开始是亲子关系建设，她开办了自己的品牌；在 B 站（哔哩哔哩）开讲"爱情社会学"。她参与芒果卫视《再见爱人》节目，作为观察团嘉宾之一，凭借出色的口才、流畅而轻快的语言以及逻辑清晰的分析，赢得了无数的粉丝。2020 年 6 月，她受邀入驻 B 站（哔哩哔哩），截至 2021 年 11 月 30 日，她在 B 站（哔哩哔哩）已经有 93.7 万粉丝，其追随者既得到经验的分享，也听到有社会学内涵的道理阐释。B 站（哔哩哔哩）的知识变现不是靠购买知识本身，而是靠流量中的广告，传播与消费由此捆绑起来。

自我呈现与情感分享的商品化

在中国的传统文化中，有"家丑不可外扬"的说法，婚姻与家庭中出现的矛盾常常被视为私人的事被遮蔽起来。当人们遇到家庭内部矛盾与冲突时，传统上，人们习惯寻求来自熟人的帮忙和答疑解疑；但情感的私密性，常常又使人不愿意面对熟人。互联平台正是利用这种亲密关系求助中的矛盾性，开创了由专业人士或热心人士提供心理和情感支持的新途径。它避开了熟人关系的各种猜想，在专业人士的帮助下找到情感支持，这一途径一经产生就广受欢迎。

在我咨询服务的 83 个案例中，绝大多数是年轻人，这其中又以从事相关平台工作的人为主，他们的工作经验使其相信平台能够提供高效的服务。同时，来访者以女性居多，大约占 80%。

我对 K 平台的"周小鹏——爱情保卫战导师"账号进行了翔实的考察，以期了解什么样的人会追随她，成为粉丝。因为正是粉丝的追随才能给她带来流量，才能形成商品化。我想了解粉丝们会提什么样的问题，大家对情感解答会有怎样的评价以及这些情感问题中"自我"是如何表述的。同时，这些自我又是如何归类或自我范畴化而选择某个商品（课程）的。从"我"的问题到"我们自己"的问题，这个过程或许就是将情感类服务商品化的基础，因为这是菜单式消费最重要的环节。

周小鹏每周三下午两点有直播咨询。从连线者的情况来看，周小鹏的粉丝以女性为主，在陌生人面前，这些女性开始摘下面具，呈现真实的自我和遇到的困扰。如何塑造强大的自我认同似乎成为咨询服务的主要内容。相关的问题包括：如何管理好丈夫？如何让自己快乐？如何不发脾气？等等。人类学家流心曾提出"自我的他性"概念，他认为，"自我呈现可以宽泛地理解为追问'何为善好（生活）'"，这是人们存在的可能性所依存的道德空间。借助自我系谱可以看到国人的"情感结构"，它形成的话语空间和关心自我和他人的故事。[①] 在直播咨询中，不少女性可能有做不完的家务，老公在外喝酒打牌或者她们怀疑老公在外面找其他女人，她们感受到生活的不公和不如意，她们对同类的寻找和情感宣泄或许是其在情感服务类平台消费的主要原因。

2021 年 11 月 27 日，我加入了她的闺密群。这个可容纳 500 人的群有成员 454 人，其中女性 307 人，占了 68%，平均年龄为 32 岁，与我之前的感觉一致，即女性占多数。

周小鹏在账号里提供了 562 个作品。其中点击率最高的一段

---

① 流心.自我的他性——当代中国的自我系谱［M］.常姝译.上海：上海人民出版社，2005。

195

是有关"为什么要富养妻子"的视频，到 2021 年 11 月 27 日这段视频点击为 29.6 万。周小鹏身穿红色的西装，生动地讲了下面的故事：

在一个大圆桌上，丈夫、妻子、儿子以及公公婆婆围在一起吃饭，菜上来之后，妻子给孩子喂饭，其他人都在愉快地聊天。吃着吃着，丈夫喝了一口汤，然后说，"为啥没味道呢？你加点盐"。妻子放下手上的孩子，起身去厨房了。刚刚回来坐下，公公让她顺手帮忙倒杯茶，结果妻子一不小心烫到手，茶壶掉到地上碎了，公公皱了一下眉，婆婆低头嘀咕了几句。丈夫看了一眼婆婆的表情，开始数落妻子笨手笨脚的，妻子眼眶红红的，但还是默默地自己在地上收拾。妻子还没有拖完地，突然听到孩子的哭声和丈夫的大喊声，"你到底干什么去了？连个孩子都照顾不好"。原来小孩自己玩的时候不小心碰到了额头，妻子连忙跑过去手忙脚乱地哄孩子。奇怪的是，这一个过程没有一个人帮妻子说话。一个家庭里面最应该重视的是孩子吗？不是！我相信一个家庭中最应该重视的是默默操劳的妻子，当你给她关心、体贴和尊重时，才能滋养她的心；当她被认真对待时，她才会给你温柔体贴，才会让孩子懂事上进，才会给你一个平凡又温暖的家。我是周小鹏，带你体会人生百态。

这个视频有 2.2 万个转发，下面有 1.2 万个跟帖。这些跟帖是互动式的，有情绪的宣泄，有感情的分享，有关于夫妻关系，特别是妻子如何获得家庭地位的个人经验。跟帖大致有这样几种论调：

第一，找到共鸣或共同感受——女性在婆家是外人。名叫"请叫我申姐"的网友说："结了婚才发现不是多了一个家，而是多了一个不敢得罪的人，稍有不慎你会得罪一群人，一旦有事儿你就是一个外人。"这句评论有 1.8 万个赞，回复多是"同感""准确无误""听完心里说不出的委屈（哭脸）"。可以感受到这些跟帖者发自内心的不公平感。大量有同样经历的女性在故事的叙述中了解到许多女性和自己有一样的经历。这些声音本身就是在声讨家庭中的性别不平等。

第二，年轻女性发出悔婚的声音。名叫"桃之妖妖"的网友说："如果已婚的女性有重新选择的机会。我觉得 90% 的女性不想结婚，不想生儿育女，一个人过挺好，和几个女朋友一起过更好。"这一评论获得了 6028 个赞。"我有一个打算，一个人孤独终老"的评论下有 3783 个赞。这些声音主要来自未婚女性，她们在现实不平等的夫妻关系面前表达了对婚姻的却步。这是否会在现实生活的层面倒逼男性发生变化？在我的咨询服务经历中，来访的大多数男性表达了对自己不够重视妻子自身发展的悔意，这是否意味着男性也在选择改变？

第三，最有意思的叙述是有关教授如何获得丈夫和丈夫家人尊重的方法。名叫"下一次再见"的网友说："真的只有被丈夫尊重才会被整个家庭尊重，我妈妈就是。爸爸很爱妈妈，很幸福，我家真的是万里挑一的家庭，虽然不富裕，但是很幸福。"获得了

4602 个赞。"女性在婆家的地位，取决于自己的丈夫"的认识得到普及，这确实是有关婆媳关系的基本知识，良好的婆媳关系首先需要丈夫尊重妻子。消极的方法也有不少，有人说："要是我的话，我直接掀桌子，谁也别吃。这样的话会有两种可能，好的话，就不会再有下次了。坏的话，就离婚，这样的婚姻不会幸福。"对此，有很多女性支持，觉得就是要有脾气，否则会一直受委屈。但也有反对意见，其理由是闹到离婚时，"当妈妈的舍不得孩子"。

跟帖的大多是女性，只有一个跟帖像是男性。一位名叫"木昌"的网友说："拉倒吧，这是电视剧场景，现实情况恰恰相反。"

问起周小鹏为什么要讲述这样的故事，她说主要是她在情感服务中看到和听到了许多妻子的委屈，特别是得不到丈夫理解的婆媳关系，她希望女性的家务劳动被看到，希望女性能够得到更多支持，希望女性自己能够提出要求来表达权利，希望男性善待身边的妻子。这个故事本身就表达了女性关于"我们自己"的要求，妻子默默地做着无报酬的家务，还要随时照顾好所有人，稍有不当，就被指责做得不够好，她们需要支持、尊重。

如周小鹏所说，她是做情感服务业的。人们在婚姻和家庭关系中有各种各样的"鸡毛"和"狗血"，其根本原因是传统的不平等的性别观念、阶层观念、城乡观念等在作祟。推动人们建立起尊重他人的价值观正是周小鹏为之努力的事业。那些在婚姻和家庭中遭受到性别和阶层歧视的女性渴望"打抱不平"的声音，哪怕仅仅是被看到、被听到、被了解，她们都能感受到温暖。由社会不平等造成的病痛在周小鹏营造的空间中得到了少许的安慰和疗愈。

互联网平台提供了一个"自主学习"的空间，在这个空间中，个体主动判断学习的需要，选择观看内容，甚至可能预见自己学习的效果。同时更为重要的是，参与其中的人们在建构着自身的知识。就像不能再忍受家务劳动不平等分工的女性们，在发现这种不公平的同时，也在发现摆脱这种不平等的多种办法。无论是怎样的反抗与言说，平台都提供了发出声音的空间。在平台上的每个人，看似是孤独的、自我社交隔离的，但是在跟帖的讨论和点赞中，人们发现共同的经验，分享情感，找到共鸣。由此，关于情感咨询服务的供求双方达到了自主的匹配。

一点思考与讨论

知识变现的关键点在于对知识需求的市场建构。谁需要知识与信息？需要哪些知识和信息？谁又愿意为此花费时间或金钱？这不是简单的市场需求问题，而是知识建构问题。情感问题商品化的趋势是有关人们的身份认同维系于其婚姻关系和家庭关系的种种价值和文化信仰之间的关系等议题的延展。

首先是情感商品化的阶层和城乡的分化。在《知识的不确定性》一书中，伊曼纽尔·沃勒斯坦（Immanuel Wallerstein）提出，现代世界的知识结构有了根本性的变化，以往所有的知识都被认为是一个认识论上的统一体，但现在可能存在截然相反的"真理"。①情感需求、情感故事的叙述和情感问题的解决之道等相关议题在平台的表现方式上呈现出阶层、城乡和性别的差异。在大众参与面前或在流量为王的时代，知识摆脱了知识分子的垄断，贴近民众的故事和剧本获得了前所未有的成功，共享、共鸣和共情等不仅是流量的支柱，还是直接的消费支持。

以K平台为例，K平台活跃着一批"野生调解员"和成千上万的追随者。一篇署名"林默"，题为"K平台主播永远的带货利器：打小三"的文章说：

在K平台，输入"前夫娶了小三，下场真是解气"。你将看到若干位主播，用一模一样的台本，现身讲述自己的闺蜜、粉丝、熟人，一模一样的经历。而这些主播，几乎都是带货主播……对于一个卖10块钱的耳坠、5块钱三张的擦碗布、12块钱的洗衣液、9块钱的电蚊香的K平台主播，用户显而易见是那些有些年岁的家庭主妇。能唤起她们情感认同最大公约数的选题，莫过于打"小三"。他们构建的"小三"剧情里，原配妻子必贤良淑德，丈夫必忘恩负义，"小三"必贪财狠辣。最终，选择了悔悟的男人；不再为渣男当免费保姆，立刻事业有成再创人生辉煌；在人生的转角处，再遇良人，永结同心。总之，命运的大手，没有放过任何一对负心人，没有亏欠过任何一对原配夫妻。

---

① 伊曼纽尔·沃勒斯坦.知识的不确定性［M］.山东：山东大学出版社，2006.

只是最终上演的是"原配"在卖货，富有同情心的姐妹们花点小钱支持一下"原配"的情节，这让姐妹们获得了极大的心理满足，也让商家与平台获得了乐得见到的好生意。

"私域"的故事已成为 K 平台的带货亮点。主播"二晨情感连麦（258）"在 2021 年 12 月 3 日的粉丝量达到 2312.4 万，平民情感主播的粉丝量远远高于知识主播。二晨每天都非常忙，不是在乡村土路上斥责负心汉，就是在去北京的飞机上为粉丝表演匡扶人间正义的剧情。主持正义和支持弱者的心理使阿姨们买下主播的产品。这样的情形让 K 平台很矛盾，一方面平台对此加以整顿，2021 年 3 月，K 平台自己动手封禁了"以调解感情纠纷为名，编造离奇情节，赚取流量后诱导用户购买商品"的几百个账号；另一方面，平台担负着维护和组建上千万粉丝主播的任务。情感服务话题的兴盛有着复杂的文化与经济动因，这是当代人们的情感模式决定的。人们为什么热衷于打"小三"？为什么支持原配？为什么渴望匡扶正义？这一系列的问题反映着时代的情感结构，即自身得以表达为"我们自己"的方式。当人们感知到"我们自己"的存在时，人们愿意并高兴为其买单，也就是说人们的情感结构与商品化之间是相互嵌入的关系，表现对某类人或某类关系的支持的最好方式就是消费了。

有学者指出，互联网促成了知识爆炸和知识焦虑，人们只要上网就会被大量碎片化的信息冲击，而不上网看信息就会害怕自己错过了某些重要的事情。碎片化的学习方式可能导致个体难以从根本上改进自己的知识结构，产生"学而无所获"的焦虑感。[①]
由平台建构的学习系统有着自身的能动性，积极地促进人们参与
到知识传播中，情感的焦虑和解压似乎都能够在平台上找到匹配
的解决方案。

[①] 曾振华.缓解"知识焦虑"需对症下药［J］.人民论坛，2020（14）:80-81.

第四部分

游戏与陪玩

职业电竞玩家：游戏与工作之间

张文杰 [①]

编者按

玩游戏成为工作，而且还是高薪的工作，这是互联网时代的神话！作为工作的玩游戏存在的意义就在许多年轻人的眼中，它就是追逐的对象。对于不懂电竞的人来说，通过游戏谋生像是另一个世界的事情；但我相信，对于大多数玩家来说，EDG夺冠就是让人激动万分，兴奋不已的事，电子竞技已然成为一些人生活中重要的组成部分。

激动人心的 EDG 夺冠

2021年11月7日凌晨，央视新闻官方微博账号发布了一条关于EDG夺冠的消息："祝贺！#EDG夺冠#刚刚，英雄联盟S11

[①] 张文杰，北京大学社会学博士候选人，对于电竞有着深刻的了解和认知。

总决赛，中国 LPL 赛区战队 @EDG 电子竞技俱乐部以 3∶2 战胜韩国 LCK 赛区战队 DK，获得 2021 年英雄联盟全球总决赛冠军！恭喜！"在那个晚上，关于 EDG 夺冠的消息霸占了各大社交媒体平台，截至 11 月 7 日 0:15，在微博热搜前 50 的话题词中，关于 EDG 和 S11 的一共有 11 个。并且，从 11 月 6 日晚上开始，前 10 的相关话题就有 5 个。根据知微舆论场的统计，2021 年 11 月 1 日—8 日 11:00，微博、抖音、快手、今日头条等 7 个平台累计有 319 条关于 EDG 的热搜。所有的热搜消息都指向了一个名字：EDG。EDG 是一家中国电子竞技俱乐部，旗下有英雄联盟、王者荣耀等相关赛事的战队分部。EDG 夺冠无疑引起了广泛的社会关注，电子竞技一词再次进入了大众的视野中。

所谓电子竞技，首届 CEG 即中国电子竞技运动会的赛事主办方（奥美星空）给出的定义为："利用信息技术为核心的软硬件设备作为器械进行的、在体育规则下实现的人与人之间的对抗性运动，通过这项运动，可以锻炼和提高参与者的思维能力、反应能

1	EDG夺冠flag	4991716	飙
3	EDG为什么不ban盲僧	2158509	新
5	EDG稳住	1054460	新
7	EDG上单	964726	新
9	EDG扳平比分	919787	新

EDG 夺冠后与之相关的微博热搜话题

力、心眼四肢协调能力和意志力。"①

2019 年，人力资源和社会保障部（以下简称"人社部"）发布的连锁经营管理师等 13 个国家职业技能标准中，对电子竞技员的职业技能等级进行了分级。"电子竞技员"这一概念至少使一部分游戏玩家有了与以往完全不同的内涵。游戏不

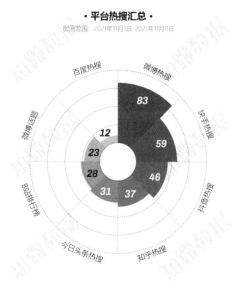

EDG 夺冠的新闻在各大平台的热搜话题

再只是闲暇时休闲娱乐的一种方式，更是一种工作、谋生的手段。人社部 2019 年发布的《新职业——电子竞技员就业景气现状分析报告》也对电子竞技员进行了定义："从事不同类型电子竞技项目比赛、陪练、体验及活动表演的人员。"②电子竞技员的定义与吴鼎铭对网络游戏玩家分类中的"电竞玩家"有类似之处。吴鼎铭认为，电竞玩家是通过参加比赛获取奖金或游戏声望来换取现实的

---

① 何威.电子竞技的相关概念与类型分析［J］.体育文化导刊,2004（5）:11.
② 中华人民共和国人力资源和社会保障部.新职业——电子竞技员就业景气现状分析报告［EB/OL］.http://www.mohrss.gov.cn/SYrlzyhshbzb/dongtaixinwen/buneiyaowen/201906/t20190628_321882.html.

经济利益的"玩家"类型 [①]。因此，电子竞技员与电竞玩家指代的是同一类型的群体。电子竞技员是一份工作，这在一定程度上削弱了玩家的属性。因为电子竞技员不是凭空产生的，而是从玩家当中分出来的，考察电子竞技员一定离不开玩家的范畴。而电竞玩家则过于宽泛，不仅包括了那些以职业比赛谋生的电子竞技员，同样也包含了那些参加业余比赛的爱好者（这里的业余比赛指的是第三方平台为了推销自身而举办的赛事，其本身是不稳定的。以网吧赛为例，通常吸引的是一些业余爱好者，他们不以比赛谋生，只是以比赛为乐）。因此，用职业电竞玩家来描述那些以参加职业电竞比赛的群体比较合适。

X职业电竞俱乐部（以下简称"X俱乐部"）成立于2015年3月，此时正是中国电子竞技赛事产业的上升期。中国已经围绕英雄联盟这款基于互联网的MOBA类型游戏组织了自己的职业联赛体系，包括LPL（英雄联盟职业联赛）、LDL（英雄联盟发展联赛）等。在这个背景下，X俱乐部最开始以英雄联盟职业战队起家，开始了电竞俱乐部的发展与探索。

X俱乐部的理念更多地强调打造以竞技性为主的俱乐部。我主要对职业电竞玩家所在部门——赛训组进行考察。赛训组主要由各个游戏的职业电竞玩家战队组成，每个战队对于旗下职业电竞玩家的管理都是独立进行的。每个赛训分部都包含赛训经理、教练、领队、职业电竞玩家等角色。

---

① 吴鼎铭.网络"受众"的劳工化：传播政治经济学视角下网络"受众"的产业地位研究［J］.国际新闻界，2017，39（6）:124-137.

职业电竞玩家与电子竞技

职业电竞玩家最爱提的是"天赋"这个词。他们觉得，自己在游戏上是具有一定的天赋的，这也是他们能够从一般玩家中脱颖而出进入职业电竞玩家队列的基础。

进入 X 俱乐部一年的选手宁锋在谈到他选择职业电竞这条道路时说道："最关键的是感觉自己在电竞这个领域上可能也有一定的天赋，会比较适合这个行业。之后自己也决定尝试一下。"职业电竞玩家群体认为，如果没有天赋，就不应该来打职业"浪费时间"："有天赋的可以尝试来打游戏，因为打职业电竞靠的还是天赋。没有天赋的话，我真的不建议你来做这一方面。你可以选择读好书，真的没有必要去接触职业电竞这个行业。"可以看出，天赋如此重要，以至于不得不对其进行细致的分解，以了解职业电竞和普通电竞的分隔。

排位名次与"路人王"

如 RNG 电子竞技俱乐部 2021 年 10 月发布的王者荣耀青训选手的招聘要求显示，玩家必须达到巅峰赛排名前 100（青训选手是整个职业电竞玩家体系中最基础的层次）。TTG 电子竞技俱乐部 2021 年 8 月发布的王者荣耀选手招聘同样要求玩家在巅峰赛排名前 100 名。巅峰赛排名即玩家在所有参与王者荣耀国内游戏版本（简称"国服"）的玩家群体中的排名。根据王者荣耀官方微博账号显示，2020 年王者荣耀日均活跃用户数为 1 亿。

这群排名靠前的玩家，都有一个明显的称呼："路人王"。所谓"路人王"，通常指的是通过个人实力在排位名次中打到比较靠前的位置的玩家。"路人王"在一定程度上与职业电竞玩家的游戏水平相当，特别是在游戏操作层面上。一些选手更是强调，只有达到"路人王"的层次，才有机会被俱乐部发现，有成为职业电竞玩家的可能。

他们是游戏玩家中的胜出者！

排位名次是靠玩家积累胜场次数提升的。在排位赛模式中，王者荣耀针对高水平玩家，还设置了专门的巅峰赛模式。巅峰赛模式与排位赛一样，都是通过胜场累计积分，但有更高的要求。一些新出来的游戏可能不具有那么精细的游戏模式，但大体上都有排位名次的雏形。由于排位名次的存在，并且排名靠前的能够在游戏榜上可查，所以不论是职业电竞玩家还是俱乐部，对游戏水平的考量就有了客观的标准。那么，对于职业电竞玩家群体而言，他们则在整个排位名次中处于凤毛麟角的水平。因此，天赋实际来源于游戏水平，并且是这些普通玩家能够获得靠前名次的游戏水平。在他们作为普通玩家的时候，要成为"路人王"，也是要通过不断的游戏对局来实现的。换句话说，每一场积累的积分都需要时间的堆积。对于职业电竞玩家来说，在进入职业序列之前，想要积累游戏能力同样需要花费大量的时间。所谓天赋，也只是他们在游戏领域比其他人投入更多的时间、精力和热情而已。

游戏能力

职业电竞玩家所进行的比赛大多数以竞技类型的游戏为主，其中MOBA（Multiplayer Online Battle Arena，即多人在线战术竞技游戏）类型的游戏最具影响力。多人在线战斗竞技游戏（MOBA）是即时策略游戏的亚种类，共两个团队（通常每个团队由五个玩家组成）相互竞争。每个玩家控制一个角色，以摧毁对方最终的建筑物为获胜标准。换句话说，职业电竞玩家的比赛是通过游戏内的对局来决出胜负，从而获得相应的奖励（通常指游戏外的）。有研究者根据国家体育总局对电子竞技概念的界定提出，电子竞技的游戏能力至少体现在自身思维能力、反应能力、眼脑和四肢的协调能力、意志力以及团队沟通等方面[1]。这明确将游戏能力分为两种：一部分是身体方面的，即操作、反应等素质；另一部分是对游戏的理解方面，即关于英雄的选择、装备（道具）的使用以及采用何种方式获得比赛胜利等。一些关于竞技类型中能取得胜利的要素的研究也强调了游戏能力对于赢得比赛的重要性。

游戏实践

不论是职业电竞比赛，还是普通玩家参与的对局，最终的胜利是要通过在游戏中操作英雄击败对手来实现的。换句话说，打游戏不是纸上谈兵，而是结合了对游戏理解的实践行动。因此，游戏操作这个指标则是另外一个衡量游戏能力的要素。

---

[1] 王萌，路江涌，李晓峰.电竞生态：电子游戏产业的演化逻辑［M］.北京：机械工业出版社，2018.

对于职业电竞玩家来说，他们的操作更强调的是理解与执行的结合。换句话说，一套操作就反映了一种游戏理解。因此，需要他们在实际过程中，同步进行理解与执行，他们整套动作的反应都需要很流畅。在对职业电竞玩家以及教练的访谈中，他们会经常提到操作的一套固定模式，并且用"肌肉记忆"这个词来概括。在体育运动中，肌肉记忆指的是一些操作可以通过减少大脑反应时间并形成行动"惯性"的方式，使运动员的运动更加迅速准确。在职业电竞比赛中，同样也需要这样的肌肉记忆。这也是职业电竞玩家与一般玩家的较大区别之一。需要注意的是，游戏操作中的肌肉记忆并不像体育运动那样能做到对运动步骤的分解，并进行专项训练而掌握，更多的是需要通过实战经验的累积来实现："基本打多了就会形成肌肉记忆，而不是专门地去练某个动作。因为玩打野玩多了，有些时候一些操作就形成了，不需要通过脑子去想。你看到的这一个转瞬即逝的机会，就会上去做这个动作。即使后面做得不好，或者说做这个动作没有太大的收益，教练也会点出来，到时候再改进就行。"

职业电竞玩家需要在比赛过程中减少大脑对具体操作选择的反应过程，但这并不意味着职业电竞玩家在比赛过程中不需要思考，他们反而必须对战局进行判断以及做出临时策略。当然，这里有一部分是战术设计的体现，但更重要的是"时机"。在合适的时候将使用的英雄、枪械的功能正确发挥出来，对取得优势甚至获得胜利都十分重要。"时机"是在比赛中产生的，具有很多的变数，需要将游戏理解、肌肉记忆以及对双方的判断融合于一体。

"时机"主要体现在双方进行大规模战斗时的应对和选择中。

游戏操作是职业电竞玩家真正有别于普通玩家的关键游戏能力之一。简单来说，游戏操作是一套融入游戏理解的实践行为。游戏操作主要被分为两个部分，分别是肌肉记忆，以及临场判断能力和反应力。肌肉记忆是一套模式化的操作行为。通过训练职业电竞玩家的肌肉记忆，职业电竞玩家不需要思考就可以做出特定的行为反应，包括英雄技能的释放及顺序的组合，以及枪械镜头的长距离切换，等等，这也体现了职业电竞玩家对英雄、枪械使用的极高熟练程度。并且，肌肉记忆还包括职业电竞玩家对设备的专门性操作设置，包括键位大小、位置以及灵敏程度等，这些都能保证职业电竞玩家的模式化操作释放得更加流畅。肌肉记忆能够解放职业电竞玩家的大脑，这并不意味着职业电竞玩家在游戏中单纯靠肌肉记忆就可以赢得比赛了。相反地，释放出来的思考空间则需要投入对实时对战的反应和判断中。虽然比赛的逻辑是通过英雄—经验和金币提升—击败对方水晶—赢得比赛胜利，但在实际比赛过程中，影响比赛局势变化的有很多要素，包括对敌方策略的预判及反击方式的瞬时制定，以及战术失败时应该如何决策，等等，这些都是需要职业电竞玩家思考和判断的。

组织化竞争：作为职业的电竞玩家

职业电竞玩家首先要具备一定的游戏排名，即成为"路人王"之后，才有机会被俱乐部发现，并进一步在俱乐部中提升他们的游戏理解和游戏能力。值得注意的是，这里所说的游戏能力，对于职业电竞玩家来说，就是他们的工作能力。职业电竞玩家被俱乐部招募，成为一名正式员工，最终目的是要代表俱乐部在相应游戏的职业联赛上拿到名次。职业联赛更多强调的是高水平的玩家进行的竞技行为，这样的游戏相比于一般玩家来说，更具有对抗性和观赏性。游戏能力与以往一般的工作能力不同，其衰退的速度要比日常工作能力衰退快。这和传统体育中的竞技能力一样，要维持一定水平的能力，需要职业电竞玩家每天持续训练。因此，对于职业电竞玩家而言，在赛场上能够获得一场比赛的胜利，离不开场下日复一日的训练。这种训练与一般玩家玩游戏又有不同的表现形式。在俱乐部中，职业电竞玩家通常是以组织化的方式来维持游戏能力的。

训练赛：正式比赛的模拟

"我觉得以前做'路人王'的时候时间更自由，想打就打，不想打就不打。现在训练比较规律，而且也有固定时间。"固定时间指的是职业电竞玩家每天打游戏的时间安排。职业电竞玩家的一般训练时间分为两部分，分别是下午 1:00—5:00，晚上 7:00—11:00。这样的日常安排与大多数早上上班的工作很不相同。赛训经理 L 认为这样安排的意义在于两点，一是训练安排在下午和晚上是对比赛时间的模拟。一般情况下，正式比赛都在下午开始，一些重要的比赛场次更是在晚上黄金时间如七八点才开始。所以日常训练模拟这个时间能够让职业电竞玩家在正式比赛时尽量处于兴奋的状态。二是玩家包括职业玩家群体本身的游戏习惯原因：

"安排也要参考整个行业的整体情况，大家大概都是什么时候起床，然后什么时候开始训练。"可以看到，职业电竞玩家训练是有特定的时间段的，并且这个时间段的安排是参考正式比赛的时间来设置的。

除了在时间安排上按照正式比赛来进行，在训练模式上同样如此。参加训练赛是职业电竞玩家每天最平常的工作。所谓训练赛，指的是职业电竞玩家以组队的方式与其他俱乐部的职业电竞玩家模拟正式比赛。训练赛虽然比正式比赛随意很多，但是一些规则是按照正式比赛来制定的，比如正式比赛中禁止使用的枪械道具或者赛车地图和英雄，训练赛也不会使用。更重要的是，训练赛更是职业玩家进行团队磨合、战术演练的重要手段："打训练赛会提高我们的磨合度，包括战术的熟练应用，道具的熟练应用，以及记录每一场比赛可能出现的不同情况的应对方式。了解不同情况之后，你会知道怎么去解决，就相当于积累经验吧。"

复盘：问题总结及集体决策

通过比赛，职业电竞玩家可以了解和发现自己与团队的不足。复盘指的是一个阶段的训练赛或者正式比赛结束之后，观看比赛录像的过程。

通过复盘，职业电竞选手能够把错误的思考方式或者操作改正过来，以便在之后的比赛中能够引起重视："复盘最主要的目的是让你知道自己的问题在哪儿，及时复盘能让你在第一时间发现自己的问题，并且及时改掉。其次能看到整个队伍的问题，可以让整个队伍把这些问题解决掉。不单单是输比赛才有问题，赢比赛同样也存在问题，复盘就是研究怎么样让团队做得更好。"

职业电竞玩家虽然也是在打游戏，但是与普通玩家的轻松、愉悦的打游戏心态和方式不同。这主要体现在两个方面，其一，职业电竞玩家每天的日常是参加训练赛，通过训练赛来磨炼团队的适配程度包括战术体系。其二，职业电竞玩家在训练赛和正式比赛之后，还会进行复盘环节。

作为希望的工作

日复一日的训练赛—复盘的打游戏方式最终都是为了能够在职业比赛上大放光彩。对于职业电竞玩家来说，争夺职业联赛冠军到底有怎么样的意义？

首先，职业联赛主要指的是由独立赛事运营方举办，职业电竞俱乐部组建相应的战队参与比赛，并最终将比赛的过程实时呈现给观众的表演性质的活动。以王者荣耀职业联赛体系为例，采取的是"联赛+杯赛"的模式，联赛分为春秋两季，通常以3—4个月为周期，杯赛分为夏冬两场，通常以一个月为周期。其赛事制度主要参考的是传统体育的比赛制度，联赛通过赛季积分和最后的淘汰赛决定冠军，杯赛则是以淘汰赛的方式决定冠军。不论是杯赛或是联赛，都设置了一定金额的奖金，赢的比赛场次越多，通过的淘汰赛阶段越多，得到的奖金就会越多。

以王者荣耀2021年世界冠军杯的奖金分配为例，一共有12支队伍进入淘汰赛环节。其中最终排名8—12的队伍每个队能获得100万人民币的奖金，亚军能获得800万元人民币的奖金，而冠军的奖金则高达2100万元人民币。其中，冠军的奖金占所有奖金池的 42%。因此，冠军给职业电竞玩家带来的收益是非常大的。这也是职业电竞玩家努力的动力。并且拿到冠军所带来的不仅是奖金的分成，还有薪资以及其他收入的提高："打职业就是为了钱。我会比较通俗一点，第一，我就是为了工资；第二，为了奖金；第三，为了其他的一些收入。"

其次，获得冠军并不只有经济回报。同样地，拿到冠军自然也意味着自己会成为圈子内外的关注点，包括俱乐部、职业电竞玩家以及粉丝。越是关键的比赛，观众的数量会越多。2020 年王者荣耀职业联赛 KPL 春季赛决赛的人气数据打破了各个平台的历史记录，累积高达 1.8 亿人次。在决赛中拿到冠军不仅能在游戏圈子里面得到关注，更有可能进入更大的舞台，引起各方的讨论，也就是"出圈"，就像引爆网络的"EDG 夺冠"一样。对于职业电竞玩家来说，打出好成绩就意味着出名，能够被更多人认识。

最后，一个职业联

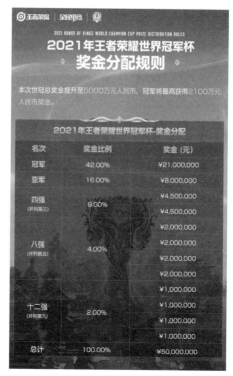

2021 年王者荣耀世界冠军杯奖金分配规则

赛体系一年的冠军最多也就 4—5 个。这也意味着大多数时候，职业电竞玩家都要忍受失利的痛苦，因为对于电子竞技圈来说，没有获得冠军就意味着失败："我觉得电子竞技这个行业的工作是挺有意思的，不过这个环境也是挺激烈的，就是成王败寇的一种状态。因为获得亚军，就什么都不是，外界是不会关注亚军的。"

大部分职业电竞玩家对自己能拿到冠军充满信心，似乎对于他们来说，下一个冠军就是他们自己。基于此，职业电竞玩家同样也是一种希望工作。

从玩工到职业电竞玩家

随着游戏商品化、数字化的发展，不少学者发现，玩家已经不像约翰·赫伊津哈（Johan Huizinga）提出的，是与现实无关、与经济无关的群体了①。对于数字游戏的玩家来说，他们已经摆脱了"非生产性"。玩家已经成为资本无偿占有其产生的经济价值的工具。尤里安·库克里奇（Julian Kücklich）基于"免费劳动"的视角分析游戏商品里的玩家，提出了"玩工"或"玩劳动"（playbour）的概念。他认为，"玩工"是通过玩耍的形式，在其闲暇时间内创造价值的用户②。"玩工"是无酬劳动力，而"玩劳动"则是无酬劳动。一方面，游戏公司现有的制度并没有将这些玩工

---

① 约翰·赫伊津哈.游戏的人［M］.杭州：中国美术学院出版社，1996.

② 尤里安·库克里奇，姚建华，倪安妮.不稳定的玩工：游戏模组爱好者和数字游戏产业［J］.开放时代，2018（6）:196-206.

纳入稳定的劳动关系之中，他们免费地占有了爱好者的这些行为；另一方面，爱好者们认为游戏模组本身是一种休闲娱乐的方式，因此他们并没有考虑其行为背后所蕴含的价值[①]。玩工实质上并没有脱离传统的对于玩家的理解。"魔圈"理论对于玩工同样有解释力。其一，对于玩工本身而言，他们仍然是与经济无关的。他们把自己的游戏行为建立在闲暇领域中，不关心是否能为游戏产业带来多大经济价值的问题。其二，对于游戏而言，其非现实性属性同样存在。玩家选择虚拟角色进入游戏，其虚拟角色只在游戏中才发挥作用，并且比赛结束之后，其虚拟角色的各项属性都会清零。因此，玩家的游戏行为是非现实性的。

职业电竞玩家的出现是彻底地挑战了"魔圈论"的两个观点，特别是对于玩家群体而言。首先，职业电竞玩家具有经济性，他们是通过参加职业或者专门的比赛（通常围绕单一游戏建立比赛体系）来获取报酬和人气的职业群体。他们的核心工作技能是他们的游戏能力，通过在比赛中展现游戏能力，赢得比赛。其次，当职业电竞玩家脱离了非经济性的特点后，他们也就不是非现实的了，这不仅体现在职业比赛的体制中，也体现在职业电竞玩家的日常训练中。密集的日常训练的工作安排没有办法定义职业电竞玩家是现实或非现实的。最后，职业电竞玩家虽然表面上是在玩游戏，与一般玩家相似，但是他们在游戏能力的结构上存在巨大的不同。职业电竞玩家需要的游戏能力要在客观排行中排在前

[①] 姚建华，徐偲骕.全球数字劳工研究与中国语境：批判性的述评［J］.湖南师范大学社会科学学报，2019，48（5）:141-149.

100，在整个序列中是 0.00001% 甚至更低比例的位置。此外，职业电竞玩家的游戏行为是模式化的，与一般随意性游戏行为不同，职业电竞玩家需要培养自身的游戏理解和游戏操作，游戏操作包括肌肉记忆和临时决策两个方面，这是一般玩家很少会注意的点。并且，职业电竞玩家通过特定的训练模式即"训练赛 + 复盘"的方式来巩固和培养游戏能力。

随着 2022 年亚运会正式将电子竞技项目列为比赛项目，意味着电子竞技在一定程度上与体育同构，职业电竞玩家所具有的含义也更加丰富，甚至摆脱了传统关于游戏的评价。这种媒体话语的转向对于关注游戏圈的玩家而言有什么样的影响？他们会不会因为这样的"职业梦"有所改变？这些都是值得探讨的。

以游戏为业：陪玩师的"玩工作"

陈玉佩　柯欣妍 [①]

编者按

2000 年前后，中国的网游开始全面发展，到 2008 年，计算机客户端游戏用户达 1.56 亿人，网页游戏用户达 2.75 亿人，手机游戏用户达 5.28 亿人。《2020 年中国游戏产业发展状况》表明，2020 年中国游戏用户数量保持稳定增长，用户规模达 6.65 亿人，总收入为 2786.87 亿元。以千亿计的总收入是令人难以想象的，换算到天，每天就有 7.6 亿元的收入。网游组团产生后，就有一个新的职业产生——陪玩。工作真是伴随着技术和生活方式的变化而不断被创造出来的。

软萌糯米糍和草莓味星星在王者峡谷相遇。王者峡谷是腾讯

[①]　陈玉佩，陕西师范大学社会学系讲师；柯欣妍，陕西师范大学社会学系 2018 级本科生。为了研究，玉佩开始尝试玩游戏，她说这真的会上瘾，那种"想赢，下一局一定会赢"的心态就是瘾。

推出的竞技类手游王者荣耀中的地图，游戏中 10 个玩家分为两组，在峡谷中相互对抗。地图分为三路兵线，每隔一段时间就会有小兵沿着兵线向对方的防御塔和基地进军，玩家们则需要各自承担团队中的一个位置——射手、辅助、上单、中单、打野，根据位置的需求挑选英雄参战，英雄们技能不同，各有所长。团队成员之间需要相互配合，顺着兵线和对方作战，逐个拆掉防御塔，最终目标是拆毁对方的基地，取得胜利。

"小姐姐打什么位置？"屏幕背后传来软萌糯米糍甜美的声音。

"上单吧，选我熟悉的，芈月。"草莓味星星选好了自己的英雄，按下了准备键，等待游戏开始，"好久没玩了，今天心情不好来玩一局。"

"为什么心情不好要来打王者呢？"

"工作压力大，想打人不行，打打游戏总可以吧，哈哈哈。"

"可以可以可以，你就嘎嘎乱杀。"糯米糍紧接着选了张飞，也点击了准备。张飞是游戏中很独特的一位辅助英雄，他十分强壮，又有大量击退敌人的技能，经常扮演掩护队友、替队友承担伤害的角色。"我是辅助，我来护，好吧。"

"敌军还有 5 秒到达战场，请做好准备。全军出击！"游戏开始了。

芈月按照常规，走对抗路，对线云缨。星星显然不是高手玩家，技能经常放空，仅一波对拼就落了下风。

"不要慌，不要慌，我来了。"糯米糍见势操控着张飞迅速赶来救援。

芈月对线云缨，张飞赶来救援

此后很长的一段时间，张飞都在对抗路上帮芈月，引起了队友的不满："辅助大哥，你就不能跟 AD？"打野英雄典韦在聊天公屏上发出抱怨。

星星选择的英雄芈月被玩家们称为"线霸"——兵线上的霸主，属于对线能力极强的英雄，近可对拼，退可逃生，她的大招是个保命神技，非常容易从战场脱身，所以芈月一般都是单独走对抗路，不需要辅助。相比之下，我方下路射手位（AD）的英雄却是前期相当弱势的黄忠，没有逃生技能的他，一个人被打得连防御塔都出不去，很需要辅助的保护。

"我乐意跟上单。让射手猥琐一点，我们家上单不太会。"糯米糍给队友解释道。"猥琐"是游戏圈的"黑话"，意思是让黄忠打得保守一些，苟且偷生，不要和对手硬刚。

"你不要理他。"糯米糍发语音安抚星星。

游戏进入了中后期，我方 5 人沿着中路推塔，爆发了团战。

芈月瞬间被"集火"，眼看就要被击杀，这时张飞冲过来一个大招击退了周围的敌人，救了芈月。"没关系不要管我，快走快走，头都不要回地走！"与此同时，团队的核心黄忠在战场的另一边寂寞地疯狂输出着，敌方英雄一个一个倒在他的枪口下。

借着这波胜势，五人一路推讲，赶在敌方复活之前拆掉了基地，游戏结束了。"小姐姐还要加单吗？不要的话记得点完成哦。"

星星退出游戏，打开 L App，之前她便是通过这个平台找到糯米糍，下单让她陪自己打游戏。她点击完成订单，对方便能收到她支付的费用，接着收到糯米糍的信息外加两个可爱的表情："感谢老板，下次想玩还可以来找我哦。"

软萌糯米糍和草莓味星星虽然同为"农药"玩家，但在这场游戏里却有着不同的身份。糯米糍是 L 平台上的一名陪玩师，陪伴别人打游戏是她的工作，而星星则是她的"老板"，享受着她提供的陪玩服务。对于糯米糍而言，这场游戏里最重要的不是让自己开心，而是要让老板获得满意的体验。

游戏与工作在常识中往往是一对反义词。游戏意味着闲暇、放松、娱乐，而工作则代表着忙碌、努力、辛劳。随着电竞产业的发展，游戏与工作的界限正在不断被打破，玩游戏成了一项正式的职业。

2020 年 9 月，中国通信工业协会电子竞技分会颁布了《游戏陪玩师》团体标准公告，"游戏职业技能认定平台"给出了游戏陪玩师的专门定义："为游戏玩家提供游戏陪伴服务的人。"如果有较强的游戏实力、良好的沟通能力、热情的服务态度、积极向上的价值观，那么便可以报名参加游戏陪玩师职业技能认定，通过理论与实操考核后可以申请国家认定的证书。在现实中提供陪玩服务的人未必都考取了这一资格证书，不过这仍意味着陪玩师已经成为一项受到国家正式认可的职业。

陪玩市场发展的背景是王者荣耀、和平精英、英雄联盟等多人竞技类游戏的风靡，这一类游戏需要与其他玩家组队，成员之间相互配合，与对手团队对战比拼，因此创造出与他人共同游戏的需求。此外，玩家存在等级段位之分，游戏玩家对于高段位和对应奖励的追求也是这一职业出现的基础[①]。而新冠肺炎疫情之下"宅经济"的崛起，也意外带来了陪玩供需两端的增长。

谁在做陪玩？他们是如何进入这一职业的？陪玩师究竟是如何工作的？他们是如何将属于个人休闲的游戏过程打造成为面向消费者、具有价值、可以出售的"陪玩产品"？当玩游戏成为一种有酬劳动，应该如何重新理解休闲与工作的边界？为了回答这些问题，我们以目前规模最大的陪玩平台 L 作为调研地，通过在平台上下单的方式寻找访谈对象，总共访谈了 10 位陪玩师[②]。文章的

---

① 李鼎 . 传播心理学视域下的"电竞陪玩"现象——以"比心"为例［J］.新闻前哨，2019，{4}（9）:104-105.

② L 平台涉及的游戏种类广泛，访谈对象的选择集中于在王者荣耀（也被称为"农药"）与和平精英（也被称为"吃鸡"）两款热门游戏中提供服务的陪玩师群体。文中陪玩师的昵称是化名，在进行匿名化处理时保留了原用户名中有特殊含义的部分，比如"野王"，指的是在游戏队伍中担任"打野"角色——靠打怪进行技能升级——水平比较高的人；"国服"意味着玩家在游戏排位模式下，英雄战力在全国排名前 100，而由此获得国标；"车队"的意思是陪玩师还有其他同样提供陪玩服务的朋友，客户如果有需求，可以让整个车队一起提供服务。

第二作者还曾在 L 平台上做过 1 个月的王者荣耀兼职陪玩，进行了参与式观察，对这一职业有一定的亲身体验。

从玩家到"大神"

"游戏大神"是大家对技术高超的玩家的称呼，L 平台借用这一称呼来指代陪玩师，彰显其专业性与技术性。在 L 平台上，只要对某款游戏有一定了解，水平达到一定程度，完成了实名认证、游戏技能认证，就可以申请成为"大神"，开始工作。

不让你受委屈今年 22 岁，刚刚大学毕业不久，大约半年前开始在 L 平台上接单。知道陪玩这个工作是在一次玩游戏时，匹配到的队友告诉他："你声音好听，你可以做做陪玩。"到了大四下学期，没有什么学业压力，他想到反正自己也每天打游戏，不如顺便赚点钱，于是下载了 L App，注册成为"大神"。他认真干了不到一个月，赚了 1000 多元。现在，他有了一份正式的全职工作，偶尔上线，随缘接单。

小丫宝贝与他年龄相仿，大专毕业，差不多也是同一时间开始做陪玩。她最早是看游戏直播时，看到有主播点陪玩，知道了 L 平台和陪玩职业。当时觉得很好奇，于是下载软件申请账号，但是并没有接单。后来因为辞去了原先的全职工作，"有一天打游戏的时候就比较无聊嘛，就想着反正没事做。当时就有老板下单了，然后就慢慢地接单，到现在接触有半年多了"。有一段时间她接单时间比较长，每个月大约能赚七八千元，"像我现在就比较随意，想接就接，不接就算了"，这样大约每月能赚三四千元，足够日常花销。她觉得在 L 平台上做陪玩时间自由，让自己接触到了很多新东西，但是并不打算一直干下去。"这个工作只是暂时性的……正常的工作谁都想要，陪玩根本就不是一个正经的工作，它只是让人暂时性地度过一段时间，能维持生活吧。"

无敌野王比上面两位大神小一岁，中专毕业，大约一年前从一起玩游戏的朋友那里得知了陪玩这个工作，"当时是听朋友说的，然后自己就想试一下"。本来只是打算做一段时间，但后来觉得比起其他工作，做陪玩时间自由，"你可以自己选择什么时候工作，什么时候不工作"。他现在每天基本全天在线接单，每月的收入能够达到一两万元。尽管家人并不是很支持，但是他目前仍然决定继续做下去。"我一开始确实是准备做短期的，但是现在的话，我觉得这份工作还挺好的，L 平台不倒我不倒。"

我们访谈的大神中有的刚刚开始在 L 平台上接单，时间最长的做陪玩两年多，他们来自不同的地方，年龄大概二三十岁，从事各行各业，学历层次迥异，从初中毕业到名校硕士，不过他们有一个共同的身份——游戏玩家，都是在玩游戏的过程中听说了陪玩职业，源于不同的契机开始尝试。不让你受委屈、小丫宝贝、无敌野王三位大神的入行历程代表了在 L 平台上从事陪玩工作的三类典型情况。一是兼职陪玩，他们利用工作或学习之余的闲暇时间做陪玩，"赚点儿零花钱"，也有大神表示兼职做陪玩赚的钱甚至超过了自己的全职工作，是收入的重要补充。二是临时的全职，因为各种原因暂时没有工作或者正在找工作，做陪玩便成了正式工作之间的过渡，赚取维持基本生活的收入。三是全职大神，陪玩对于他们来说是一份正式的工作，有的大神还有明确的职业规划，做陪玩是在游戏行业内打拼的其中一步。

但无论何种情况，大神们投身陪玩时都有着明确的经济动机，把陪伴别人打游戏视为一份工作，目的就是赚钱，包括赚零花钱，维持基本生活，乃至获得丰厚的收入。根据 L 平台工作人员在报道中提供的数据，2020 年全职陪玩的平均月收入为 7905 元，兼职陪玩的平均月收入为 2951 元。[①]

接　单

木棉有一份朝九晚五的工作，压力不大，休息时间有保证，但她对收入很不满意。"我没有办法，就想着做一个兼职，我也没有其他的技能，就打游戏，而且也不像其他人会很多，我只会和平精英。之前在和平精英上认识了一个一起打游戏的男生，他跟我说：'人家打游戏可以赚钱，你也可以啊。'"于是她开始在 L 平台上尝试做陪玩赚钱。"一开始也是没有什么单子，差不多过了一个月左右，单子就越来越多，于是就坚持下来了。"

下班后回到家，吃完晚饭没什么事，木棉就打开 L 平台和游戏 App，开始了第二份工作。一般她会先回复一下收到的未读消息，然后从主界面系统推送的当前在线的老板中选一些主动发去

---

① 揭秘电竞陪玩：月入几十万靠的是套路［EB/OL］. https://baijiahao.baidu.com/s?id=1705434688035875166.

问候："在吗？一起玩游戏吗？"这种方式一般很少能得到回复。同时她会点进游戏派单厅排队参加试音。

"老板你好，你想点什么游戏呢？"派单厅里接待小姐姐莉娜询问准备点单的老板。

"和平精英，大区段位技术不限，要女的，照顾新人，有礼貌，爱笑。"老板把自己的要求发到聊天公屏上。

"单价呢？"

"10—25 元吧。"

"好的老板。"莉娜把收到的要求复述一遍，得到确认之后将信息整理好，发布出来。很快 8 个试音位就全部排满了，木棉排在了第六个。

在接待小哥哥、小姐姐的协调主持下，老板发布需求信息，陪玩参加试音，等待被挑选。每一次点单可以听三轮试音，每一轮共有八位陪玩，老板选好后把号码告诉接待，接待会把陪玩的信息推送过去，老板便可以下单了。

不让你受委屈则非常反感这种接单方式："我不喜欢在派单大厅里面当那个小丑。"他主要用抢单的方式接单。系统会把老板发布的订单信息，包括游戏品类、段位、分区等要求，推送给大神，如果觉得自己符合需求便可参与抢单，发文字或语音自我介绍，等待被挑选。

对于大神而言，最重要的就是接单，因为接单的数量直接决定着他们的收入。不同的游戏计价方式不同，例如，和平精英按照游戏时间计费，大约 10—36 元 / 半小时，王者荣耀通常以局来计费，大约 5—30 元 / 局，每一局时长大约是 10—40 分钟不等。每一单平台抽取 20% 的分成，其余为陪玩师的收入。陪玩师还有可能得到老板赠送的礼物，对应着不同金额的打赏，相当于小费。

陪玩也有可能被老板主动选择。老板在 App 主界面上能看到系统推荐的在线大神，可以浏览寻找心仪的大神并下单。对于大神来说，这种接单方式取决于平台是否给予曝光，也就是平台把自己的信息推送到老板的主界面上。有了曝光，就有更多机会被老板找到，也就能提高接单的数量。随着陪玩师在平台工作时间和经验的增长，有了更高的账号活跃度、接单量、好评率，或者开启折扣优惠，便有可能获得更多的曝光机会，也就增加了被老板找到的可能性。

通过不同方式接到单以后，陪玩与老板建立起联系，如果老板觉得游戏体验不错，也有可能成为熟客。有的陪玩也会努力维系和老板的关系，并且 L 平台也会给大神发优惠券，供大神赠送给老板享受打折，帮助陪玩维系熟客群体。

小丫宝贝在 L 平台上工作有一段时间了，她的大部分单子都是熟客，但是熟客群体也往往是暂时性的、不稳定的，尽管老板会在一定时间内"回顾"，但是长期来看仍然需要不断地努力与新的老板建立联系。

许多大神提到，在起步阶段比较困难，因为经验少、评价少，难以得到平台曝光，很少被老板选择，所以很难接到单子，他们需要努力争取机会，主动问候，参与抢单派单。

根据 L 平台公布的数据，平台上有超过 6000 万名玩家，超过

800万名大神，这样看来，用户数量远超过认证大神数量，但在访谈中大神们却普遍感觉"狼多肉少"。小丫宝贝这样说："（接单数量）看运气吧。有时候我抢单，可能几分钟的时候就来一单，但是有的时候运气不好的话，可能半个多小时或者一个小时来一单。这要看情况而定。"

有时单子多，有时单子少，这是陪玩工作的常态，与此同时，他们又普遍有一种公平感，认为是否能够接到更多的单子，是否能赚到更多的钱，主要看自己是否有强烈的赚钱愿望，是否足够勤奋努力。

想陪你吹风在L平台上做陪玩半年多，一开始是兼职，这两个月因为在换工作，于是在L平台上全职做陪玩过渡一下，一个月大约能赚3000元。他觉得这个收入还不够，听说很多全职大神能赚六七千元，乃至上万元，不过他认为主要还是自己不如别人努力。"钱挣得多少都是看自己的意愿吧，就看自己够不够勤奋，够不够努力……只要够努力、够勤奋的话，我相信这个单子是肯定能接得到的。一天接多少也是看够不够努力，因为当单量上去了之后，也不用担心非要去抢单，会有人找上来下单的……收入跟努力是成正比的，这是确实的。"

虽然单量不稳定，但大神们普遍有一种公平感，认为付出与回报成正比，在赚钱不多的时候说自己"佛系""随缘"，不如其他赚得更多的大神"勤奋""努力"。言下之意，赚钱的多与少取决于自己的愿望，如果内心有足够的赚钱动力，只要愿意投入努力，就一定可以在平台上接到更多的单子，获取更多收入，这也增强了他们对这份工作的认同。

"让老板开心"：游戏过程的商品化

"有人玩游戏吗？有人玩游戏吗？人皮话多，还便宜。"

"多赛季战神，实力带飞，选我没错。"

"可刚可苟，全看对手。技术一般，但愿意当你的移动四级包、欢乐啦啦队。"

"主打野，全能野王，全区有号，想上分可以找我。"

"Hi，老板。打游戏找我，不C包补，绝不混单。"

"主玩中上辅，可以做你的小跟班吗？选我没有错哦。"

点开大神头像下方的语音介绍，可以听到他们用风格各异的语言兜售着自己提供的陪玩服务，供老板浏览挑选。游戏对于玩家来说原本是属于个人的娱乐和享受，但是它是如何摇身一变，成了可以出售、具有价值的商品呢？这些自我介绍都是什么意思？体现了陪玩服务怎样的特点？

谈起陪玩的工作过程，大神们反复提及的一点就是"让老板开心""让老板满意"，也就是说，当游戏成为工作，目的不再是让自己放松、快乐，最重要的是要让老板获得满意的游戏体验。

大神们的自我介绍体现了"让老板满意"的陪玩商品需要具备两方面要素。作为陪玩师，首先需要具备一定的游戏水平。L平台设置了一定的门槛，玩家申请成为大神时需要进行技能认证，提供游戏账号与段位来证明自己的游戏水平。从大神的注册界面

L 平台主页上推送的大神名片

来看，以人气较高的两款手游为例，和平精英要求段位至少达到铂金（男）、黄金（女），王者荣耀的最低段位要求是星耀（男）、铂金（女）[①]。

小丫宝贝说："L 平台对段位有要求，但是要求得比较低，老板的要求不一，但是平台的要求是比较低的，基本上只要玩过游戏的都能通过。"大神们普遍表示，平台入门的要求并不高，在实际接单时，不同的老板对技术有自己的需求和偏好，在下单时会

---

① 和平精英从低到高一共有 8 个段位，分别为：青铜、白银、黄金、铂金、星钻、皇冠、王牌、战神；王者荣耀也总共包括 8 个段位，分别为：青铜、白银、黄金、铂金、钻石、星耀、最强王者、荣耀王者。段位越高，代表游戏时间越长、对战胜率越高，游戏水平越高。

L 平台大神注册技能认证界面

具体说明。比如，甜心小月遇到过两种老板："一种就是想要有个人跟自己玩，或者想要一个专属辅助……不需要技术多厉害，段位有多高，他们只是想找人聊聊天，或者找个人一直跟着自己，让自己打得舒服一点……另一种就是点一个厉害的，能配合上分。"

也就是说，会玩游戏是陪玩师的基本要求：熟悉规则，懂得基本操作，知道如何配合老板，听从老板安排。在和平精英、王者荣耀这类多人在线游戏（multiplayer online games）中，若玩家单独游戏，由系统自动匹配在线玩家作为队友，如果对方技术太差，或者配合不佳，都会影响游戏体验。有的老板对陪玩师游戏技术有更高的要求，希望陪玩能够"带飞"。游戏的排位模式与等级制度是催生这一需求的重要原因，在排位赛中，玩家只有获胜才能上分、上星，才能实现等级晋升。因此，对获胜以及段位晋升的渴望激发了对"带飞"的需求，这构成了陪玩师游戏技能"变现"的重要基础。

所以，陪玩师们在自我介绍里往往会说明自己段位等级如何，擅长什么位置等。比如在前面的语音介绍里，"不 C 包补"①"全能野王""实力带飞"表明自己技术不错；"小跟班""移动四级包"②的自我指称意味着主要扮演陪伴、配合的角色。

除了会玩游戏，大神也提到，作为陪玩，还要幽默风趣、会聊天，在游戏过程中要营造轻松活跃的氛围，提供舒适愉悦的陪伴。比如小丫宝贝这样说："（当陪玩要）会说话，一个四个人的游戏，如果大家都沉默的话就比较无聊，就需要陪玩去带动气氛。"

会聊天、能带动气氛，又或者是像木棉在派单厅里遇见的老板，要求陪玩有耐心，照顾新人，活泼爱笑，这些要求体现的是陪玩服务的第二个要素——情感劳动。作为陪玩，他们需要协调自己的情绪，创造并展示出"恰当的"情感状态，让老板获得好的游戏体验。情感劳动的概念来自霍克希尔德 20 世纪 80 年代对

---

① "C"代表的是英文单词"carry"，指的是能够在游戏过程中担任主力、带领队伍的角色。"不 C 包补"的意思是如果自己打得不好，就给老板再补一单。

② 在和平精英中，玩家们需要捡拾各类物资作战与生存，其中背包分为一级、二级、三级，等级越高，容量越大，能装更多的物品。实际上游戏中并不存在"四级包"，这里陪玩师的"移动四级包"是一种玩笑的说法，意思是自己虽然技术一般，但是可以扮演陪伴、辅助的角色。

空乘的研究，揭示出以人际互动为主的服务工作的劳动过程。随着后工业时代和消费社会的来临，在不断发展的服务行业中，劳动者的情感被商品化，成为产品的重要组成部分，以及资本创造利润的关键。

通过提供游戏技术，以及付出情感劳动，大神们将原本属于私人的，目的是让自己获得快乐的游戏过程转换成为寻求老板满意、具有交换价值的商品，玩家变成了劳动者，游戏世界变成了工作场所，而这一切又以游戏本身的特点为基础。电子游戏有着很长的历史，而陪玩的发展是与特定类型游戏的流行联系在一起的，即多人在线竞技类游戏。这类游戏需要玩家与队友配合，共同作战，因此创造出互动与配合的需求，而游戏中又存在段位等级、排名、称号等机制，创造出取胜、获得某种符号的需求。

是"大神"？还是"陪陪"？

L平台以"游戏大神"来称呼陪玩师，但是在访谈和田野过程中我们发现，他们一般不会说自己是"大神"，而是自称"陪陪"，这两种称呼看似是矛盾的。"大神"往往表现的是对某一领域水平高超之人的崇拜，包含着尊重的意味，表达的是对陪玩师游戏技术、专业实力的认可。"陪陪"则有自我贬低、自嘲的意味。这样看似蕴含着矛盾的称谓为何会在陪玩职业中并存？陪玩师如何看待自己的职业身份呢？

这两种看似矛盾的称呼实际上反映着上面提到的陪玩工作的

两大要素。陪玩师大致可分为"技术陪"和"娱乐陪"两种类型。沐川国服车队这样解释二者的区别:"'娱乐陪'是单纯地逗老板开心,就是给他讲一个小笑话,或者在游戏里不经意地说那么两句俏皮话,引老板开心。'技术陪'就是为了上分,跟老板沟通阵容问题,以及打团开团。"

"技术陪"的服务内容是帮助客户上分,达到指定的段位,点技术单的老板最看重的是陪玩师的游戏水平,是否会聊天、会唱歌不那么重要。比如,无敌野王对自己的定位是"技术陪",他认为要让老板有好的游戏体验最重要的就是"技术好,能行,能帮老板上星星、上段位"。他甚至遇到过一些老板全程不开麦、不说话,只需要配合打游戏的情况。

与"技术陪"相对应的是"娱乐陪",主要强调在游戏过程中为客户提供愉悦的陪伴,对游戏技术没有太多要求,更需要陪玩师诙谐幽默、会讲段子、会唱歌等。木棉认为自己技术一般,更偏向"娱乐陪",她认为自己最重要的就是要会聊天,营造开心的氛围。"人家既然选你了,肯定希望你会聊天,这是最重要的,会配合,打游戏嘛,开心最重要。"

作为"技术陪",大神需要运用自己的游戏技能帮助老板实现获胜、上分等目标,符合玩家的期待,作为"娱乐陪"则更多需要付出情感劳动,让老板感到开心、满意,更有可能在关系中居于低位,"陪陪"的自我指称便体现了这一点。尤其是在男老板找女陪玩的情况下,女陪玩更有可能被期待扮演顺从、配合、辅助的角色,进行性别表演,在游戏之中再生产着"男强女弱"的性别角色。不让你受委屈提到老板对陪玩的需求因性别而有所不同，男陪玩更多强调游戏技术，而女陪玩则被期待扮演陪伴、支持的角色："女生的要求稍微简单一点，男生的要求稍微要高一点……女陪玩的话，会撒娇、卖萌、鼓励队友就行了。"

不过，即使是依靠技术实力提供服务，大神也偶尔会感受到关系的不对等，在双方发生不愉快时，特别是老板觉得自己的需求没有得到满足时，会遭到老板给差评的威胁。微风暖暖对自己的定位是"技术陪"，不太会撒娇、卖萌取悦老板，她觉得大部分老板找她一起打游戏是因为她比较厉害，偶尔遇到一些期待她扮演顺从角色的男老板让她很不舒服。

当然，被老板谩骂、遭到差评威胁并不只限于女陪玩，不管是男陪玩、女陪玩，还是"娱乐陪""技术陪"，在提供"让老板满意"的服务过程中，都会感受到自己与老板关系的不对等，加上平台营利更依赖消费者，差评机制赋予了老板更大的权力，从而有了"陪陪"这一略带自嘲意味的称呼。

做任务，赚大神分

"自由"是大神们在 L 平台上工作的普遍感受，工作时间自由，可以自己安排，在很多人看来是做陪玩的最大优势。

但实际上，L 平台并没有给予陪玩师完全的工作安排自主权，而是依靠一套游戏化的管理模式——大神分制度——来实现劳动控制。

陪玩在系统里可以查看到大神分评分规则，完成任务能够获得积分，任务大致分为两类：一是账号活跃度，如每日登录，主动参与抢单、派单。平台还设置了"每周推荐任务"，完成清单中的任务能够得到相应的奖励加分，如观看直播、阅读大神培训等。二是服务情况，如接单收入、服务老板数量、好评率。而如果长时间没有登陆接单、及时回复老板消息、

品类	大神分(分)&标签	等级价位(币)
	0 ≤ 大神分 < 700	10
	700 ≤ 大神分 < 800	13
和平精英	大神分 ≥800	15
	技术认证	3
	刚枪王	8
	人气大神	10
	0 ≤ 大神分 < 700	5
	700 ≤ 大神分 < 800	7
王者荣耀	大神分 ≥ 800	9
	技术认证	2
	人气大神	10
	巅峰王者	8

L 平台陪玩服务价格体系

拒绝接单、被老板投诉等，则会被扣除大神分，每周进行一次分数结算。

大神分对陪玩的收入有重要影响，主要表现在收费标准和平台曝光两方面。首先，大神分的高低直接影响着陪玩的接单价格，分数越高，大神的服务定价就越高。随着大神分增高，服务单价也有所提高。值得注意的是，大神分决定的是单价的上限，为了能拿到更多单子，陪玩也可以自己把价格调低。同时，大神分越高，曝光机会也就会更多，意味着更有可能被推送给老板，提高接单的可能性。所以，要想获得更多的单子、更高的收入，"陪陪"们就需要努力做任务，提升自己的大神分。

沐川国服车队做陪玩有两年多了，从他那里我们得知有的全职大神会努力提升大神分，经营自己的账号，从而获得更多的曝光，提升接单量，这种经营账号的行为也被叫作"养号"。养号不仅需要投入时间精力完成任务，也需要花费金钱。

在 L 平台上，陪玩能够随时查看自己的大神分，提升积分需要完成的任务、被扣分原因，定价体系也是公开的，这种公开性创造出一种公平感，大神们因此产生了一种"只要我愿意赚钱，只要我勤奋努力，就可以实现晋升"的掌控感。并且，这种任务制的积分等级制度和王者荣耀、和平精英等游戏中的每日任务、段位等级晋升制度十分相似。因此，在这种信息公开、游戏化的管理模式之下，大神们并不觉得自己受到控制和监督，而是享有自由自主的劳动者。

边界的消融？

"申请成为大神，边打游戏边赚钱"，L 平台用这样一句广告词来吸引大神入驻，成为陪玩。"既能玩游戏，又能赚钱"也同样是大神们谈及这份工作的吸引力和满意感的来源。陪玩师这一职业似乎将娱乐和赚钱完美融合。

在互联网经济迅速发展的背景下，生产与消费、工作与游戏、业余爱好与职业主义正不断相互融合，学者们关注这一现象并将之理论化，提出了诸如"产消合一"（pro-sumption）、"产用合一"（produsage）、"玩工作"（playbour）等概念。这些讨论构成了所谓

"数字劳动之辩"（digital labor debate），关注网络用户的无酬在线活动，如发微博、发布餐馆点评、发布视频，究竟是属于个体创意表达，还是被资本主义剥削的免费劳动。①

库克里奇在对游戏模组爱好者的研究中提出了"玩工"（playbour）的概念。游戏模组爱好者（modders）出于个人兴趣、娱乐休闲，对游戏进行编辑、修改，他们的创意与成果成为游戏产业价值和创新的重要源泉，但是不会获得任何经济回报。库克里奇认为在通信与技术的发展之下，人们的闲暇时间被不断商品化，爱好与休闲成为有价值的商品。②

不过，陪玩师的"玩工作"与模组爱好者的无酬劳动不同，他们有着明确的劳动者身份和经济目的，有意识地将闲暇与游戏转化成为商品，明确区分作为休闲的游戏以及作为工作的游戏。不让你受委屈的一番话很好地说明了这一点："当了陪玩之后，我发现我不喜欢玩这个游戏了。和我朋友玩的时候，想说什么说什么，我完全是我，但是当陪玩的话，我并不完全是我。"

大神们在谈及作为陪玩师玩游戏和自己玩游戏时，都对二者的体验有明确的区分，自己玩游戏自在、放松，自己开心最重要，而陪老板玩游戏很"心累"，需要时时刻刻照顾老板的感受。不让你受委屈大学毕业正式入职后现在很少接单了。

做陪玩确实是在玩游戏，但是在陪玩的眼中，赚钱的经济目

---

① Duffy, B. E.(Not) getting paid to do what you love.Yale University Press.2018.
② 尤里安·库克里奇，姚建华，倪安妮. 不稳定的玩工：游戏模组爱好者和数字游戏产业［J］. 开放时代，2018（6）：196–206.

的是首要的，照顾老板游戏体验的"心累"与作为自我娱乐的休闲放松有着明确的区分。在这个意义上，陪伴客户打游戏确实被大神们自己视为一份工作。不过，它包裹着"娱乐还能赚钱"的意识形态，以及游戏化的劳动控制之下"时间支配自由"的幻觉，"多劳多得""只要努力就能赚钱"的公平感，使得陪玩成为对于游戏玩家而言十分具有吸引力的工作。但是，当经济动力消退，"既能玩游戏又能赚钱"的光环便消失了，大神从劳动者又变回玩家，更愿意为了自己开心而游戏。

L 平台等陪玩服务平台的盈利模式并不新鲜：作为交易的中介机构，提供信息与服务，链接供需双方，并从中抽取佣金。互联网技术的发展使得这一类平台在今天的经济生活中格外瞩目。但值得注意的是，在并无特别的盈利模式背后是资本主义对于闲暇更进一步的商品化。

这一闲暇的商品化或闲暇时间的增殖（the valorization of leisure time）过程包含两方面。一方面是创造需求，把玩家变成消费者。如果说玩游戏本身是一种消费行为，那么网络游戏的社交属性创造出了更进一步的需求，商品化程度加深了。这背后是游戏本身的心理之"瘾"，不仅包括游戏本身闯关、解谜、对战的快乐，还包括多人竞技游戏模式创造出的新需求，和队友配合的快乐，获胜的快乐，段位升级、排名提升、获取头衔的快乐。另一方面是吸纳劳动，把玩家变成劳动者，将游戏的目的从自娱自乐转化为取悦他人。于是乎，闲暇时间成为价值的源泉，资本不断从中攫取利润。

第五部分

大转型

电商 30 年

——作为数字经济的产物

熊 赟

中国正在进入数字经济时代。由国家信息中心发布的《中国共享经济发展报告（2021）》显示，2020 年，面对新冠肺炎疫情的冲击，以共享经济为代表的新业态新模式仍然表现出巨大潜力。测算表明，2020 年共享经济参与者约为 8.3 亿人，其中服务提供者约为 8400 万人，平台员工约为 631 万人。[1] 数字经济无论是在经济增长方面，还是在就业促进方面都发挥了巨大的作用。

在数字经济的和数字劳动发展的过程中，国家的态度也日渐明晰。2014—2017 年，国家对新就业形态给予了充分肯定，鼓励其在促进就业上继续发挥作用。2015 年 5 月，《国务院关于大力发展电子商务加快培育经济新动力的意见》首次公开提出"新就业形态"这一概念，提出对新就业、新就业形态的支持。[2] 随后陆续

---

① 国家信息中心 . 中国共享经济发展报告（2021）［EB/OL］. https://www.ndrc.gov.cn/xxgk/jd/wsdwhfz/202102/t20210222_1267536.html?code=&state=123.

② 国务院 . 国务院关于大力发展电子商务加快培育经济新动力的意见［EB/OL］. http://www.gov.cn/zhengce/content/2015-05/07/content_9707.htm.

发布的政策文件也表明了政府的支持态度。

然而，随着数字化平台的扩张，关于劳动者身份界定和由此带来的权益保障问题争议愈加激烈。因此，自 2018 年开始，国家对于数字经济下产生的新就业的态度逐渐向审慎包容、补齐短板发展。2021 年 7 月 16 日，人社部等八部委发布了《关于维护新就业形态劳动者劳动保障权益的指导意见》，自此从明确劳动者权益保障责任、健全劳动者权益保障制度、优化劳动者权益保障服务、完善劳动者权益保障工作机制四方面对新就业形态进行全面规范管理。

中国的电子商务行业作为数字经济的产物，经历了飞速发展的 30 年。其间，人们的消费模式、就业模式、生活方式无不受其影响。

中国电商发展的历史、现状与新发展

数字经济与中国电商发展史

2020 年，新冠肺炎疫情极大冲击了全球经济，增加了世界经济的不确定性。在此背景下，我国数字经济的发展仍然呈现出顽强的韧性，逆势而上。以互联网、大数据、人工智能为代表的数字技术正向经济的各个领域渗透，并催生着其他产业的数字化转型。

自 1991 年我国正式引入电子数据交换（EDI, Electronic Data

Interchange）电子商务以来，中国的电商发展几经浮沉。传统经济如何与互联网相结合，如何进行数字化转型是尚在探索的问题。正是在从未停止的探索过程中，中国的电商经历了以下五个发展阶段：

中国电商发展阶段及其特点

发展阶段	特点
第一阶段：1991—2000，萌芽起步	从 EDI 到 B2B，再到 B2C、C2C
第二阶段：2001—2009，初期竞争	国际互联网泡沫破裂，传统企业试水电商，C2C 成为主要商业模式
第三阶段：2010—2014，全面爆发	电商交易额高速增长，网购市场火爆
第四阶段：2015—2017，平稳发展	行业合并、合作增加，增长速度放缓
第五阶段：2018 至今，新的发展	下沉市场爆发，直播电商、短视频电商兴起

第一阶段是萌芽起步阶段（1991—2000）。EDI 是电子商务的根基，它的出现提高了企业的生产力，政府部门积极推动 EDI 的应用。1995 年起，中国互联网开启了商业化之路，新浪网、人民网、网易、搜狐等互联网公司创立。1997 年，中国最早的两家电子商务公司中国商品交易中心和中国化工网分别上线，这都是在 B2B 领域的探索。1998—2000 年，中国互联网和电商迎来发展小高潮。1999 年，中华网赴美上市，摸索中前进的互联网公司看到了潜力和希望。同年 3 月，国内第一家 B2C 电商网站 8848 诞生；8 月，国内首家 C2C 电商平台易趣网成立；11 月，主打只卖图书的当当网成立。此时，互联网的萌芽探索也引起了政府的关注，

政府积极推进互联网发展。与此同时，几大运营商也开始积极布局，一方面降低用户上网资费，另一方面纷纷启动网上银行服务。但这一阶段，电商的发展仍处于起步阶段，上网门槛较高，用户的网购习惯尚未养成，电商环境并不成熟。

第二阶段是初期竞争阶段（2001—2009）。2001—2003 年，互联网迎来诞生以来的首个泡沫期，因为大部分互联网网站没有盈利能力，打击了投资者的信心。此时，中国的互联网公司也出现了倒闭潮，8848 网站作为当年升起的一颗璀璨新星迅速陨落在这场泡沫破灭的浪潮里。机遇总是与挑战并存。2003 年，非典（SARS）疫情的流行给网购市场带来了机会。非典时期，京东和淘宝两家网络零售公司横空出世。其中，淘宝借助免费战略迅速吸纳大量商家和网购用户，增长态势迅猛，成为 C2C 领域的龙头。为了配合网络零售，与此相关的配套服务逐步建立起来，例如，物流快递业诞生并快速成长，网络支付系统运行并推广。根据 CNNIC 报告，截至 2008 年 12 月，中国网民规模达到 2.98 亿人，年增长率为 41.9%，2009 年网购人数更是突破 1 亿人。[①] 这一阶段，电商逐渐向传统行业渗透，网购开始向普通网民渗透，电商环境有所改善。

第三阶段是全面爆发阶段（2010—2014）。2010 年，中国电商行业发展进入快车道。11 月 11 日，淘宝在第二个"双十一"网络

---

① 中国互联网络信息中心 .CNNIC 发布《第 23 次中国互联网络发展状况统计报告［EB/OL］. http://www.cnnic.cn/gywm/xwzx/rdxw/2009nrd/201207/t20120710_31617.htm.

购物节创下了 9.36 亿元的成交额且同比增长 1772%。此后，电商交易额持续高速增长，电商逐步改变了一部分普通消费者的购物习惯。淘宝、京东、苏宁等巨头涌现，并开始打起价格战，行业内竞争激烈，但也发展迅猛。2014 年，中国电商市场交易规模达 13.4 万亿元，同比增长 31.4%，其中 B2B 交易额达 10 万亿元。这一阶段，中国电商进入快速成长期，网购持续火爆，电商发展环境不断优化。

第四阶段是平稳发展阶段（2015—2017）。2014 年，腾讯和京东达成战略合作，腾讯入股京东。自 2015 年起，互联网领域掀起由巨头主导的合并合作潮，移动互联网和垂直领域是并购的重点。此时，多家互联网公司从势不两立走向抱团取暖，如携程和去哪儿网、滴滴和快的、美团和大众点评，合并后的公司在细分领域内逐渐形成垄断性优势。这一时期，网购人数、电商交易额相比之前都呈现出明显的增长，但增长速度放缓。电商领域的发展进入相对稳定的阶段，电商领域中阿里系和腾讯系的京东稳居前二。

第五阶段是新变化阶段（2018 年至今）。随着行业的发展进入稳定期，淘宝和京东这两大电商巨头的整体增速放缓。然而，2017 年，拼多多成为电商黑马，仅用了两年三个月就达成了年 GMV 逾千亿的成绩，2019 年初一跃成为中国第二大电商平台。拼多多借助社交软件（微信），撬动了巨大的三四五线城市和农村乡镇下沉市场的用户。同样是 2019 年，直播电商也迎来了爆发期。2020 年疫情之下，直播电商迎来了二次爆发，2020 年上半年国内电商直播超过 1000 万次。与此同时，短视频电商、社区电商也开始成为各家公司争抢的蓝海。电商行业在经历了平稳发展的阶段后，再次迎来了新的变化。①

2020 年中国电商发展与就业状况

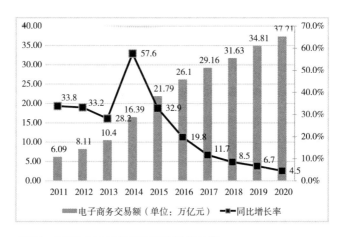

2011—2020 年中国电商交易额及增长率

随着电商发展进入稳定期，如何最大程度挖掘尚未被开发的用户以及激发更大的消费成为电商平台需要解决的问题，这也促使中国电商进入一个新的发展阶段。这一新的发展阶段呈现了以下三方面的变化和转型：

一是，电商营销形式变化，从交易电商向内容电商转变。交易电商时期，电商平台将商户信息展示出来，用户可以在网页上有目的地选择心仪的商品。互联网经历了从 web1.0 到 web3.0 的变化，网络的角色从单向的信息提供者到供需双方撮合的平台，再

---

① 叶秀敏.中国电子商务发展史［M］.山西：山西经济出版社，2017.

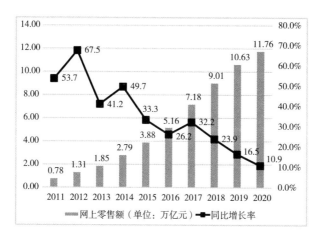

2011—2020 年中国网上零售额及增长率

到成为用户需求的理解者和提供者。此时，传统的渠道无法成为垄断优势，优质内容和流量成为稀缺品。

内容电商（Content E-Commerce）是以用户生产内容或专业内容作为推广手段，为潜在消费者推荐相关产品与服务的电商活动，其本质是一种内容营销。在内容电商的环境下，消费者并没有处在一个带着购物目的浏览的场景下，而是被"内容"吸引，最终达成自主购买。内容电商是通过用户对内容的认同，或者基于"粉丝效应"而产生的交易，且在此背景下，消费者更偏向感性消费。[①] 直播电商和短视频电商是内容电商的典型。以直播电商为例，2019 年直播电商全面爆发，当年的电商直播市场规模达 4338 亿元，相比于 2018 年增长了 226.2%。

---

① 白占雨.传统电商平台向内容电商转型的路径——以阿里和京东为例［J］.商业经济研究，2018（10）：54-56.

二是，电商平台争夺的潜在市场的变化，从关注城市中高端市场到下沉市场、农村电商。追求利润是互联网公司发展的内在动力。阿里巴巴在中国市场取得绝对优势地位后，在战略层面也持续进行着调整。面对激烈的外部竞争，阿里巴巴的选择是将有限的资源投放到能创造最高经济效益的地方，提供给客户更好的商品和服务。因此，阿里巴巴大力扶持天猫，满足用户的消费升级需求。然而，这就给中国的电商市场留出了广阔的下沉市场①、低端市场，拼多多也正是在这时杀出一条血路。拼多多通过"百亿补贴"，以最直接的方式让利消费者，给用户提供极致性价比的商品，又充分利用微信社交裂变的玩法，实现用户的暴增。下沉市场的巨大空间也让其他互联网公司眼红，其中主要用户群体也让下沉市场的短视频平台快手看到了下沉市场电商的潜力，于是也入场电商进行竞争。电商行业营销形式和潜在市场的变化，势必会影响商家的生产行为和区域产业集群。

三是，"淘宝村""淘宝镇"的转型升级。一方面，随着电商数量的不断增多，不仅电商平台之间的竞争硝烟四起，商家对市场和用户的争夺也极为火热。为了适应内容电商的发展和满足下沉市场的需求，商家的门槛被快速抬高。网店经营者不仅需要有生产和销售能力，还要具备较高水准的营销能力以应对竞争。另一方面，县市乡镇抓住直播电商的风口，充分发挥地区的产业优势，打通产业链和销售链，推动县域经济的发展。

---

① 下沉市场是指三线以下城市、县区、农村地区的市场。

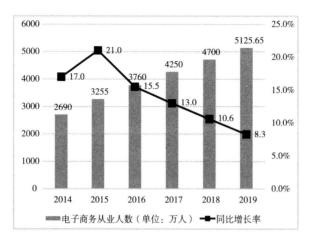

2014—2019 年中国电子商务就业规模及增长率

新的发展阶段也给行业的就业状况带来了变化。首先，电商从业就业规模增大。上图呈现了 2014—2019 年中国电商就业规模及增长率。六年间，中国的电商从业人数从 2690 万人增长到 5125.65 万人。由于电商发展平台化、数字化，撬动了千万量级的就业。

其次，电商催生新的就业形态，岗位需求更细分。从电商平台诞生之初出现的服装模特、网店装修等职业到如今的电商主播和背后完善的直播团队（包括文案脚本、选品、统筹、模特），都是随行业发展、随消费者的需求发展而诞生的新职业、新就业形态。此外，与电商和互联网行业相关的技术、产品、运营等岗位的需求也更加细分，对在专业领域内的新型人才提出了新要求。

最后，电商就业更重实践。电商行业对人才的需求巨大且多样，不过其对人才的招聘门槛并不高，更着重的并非理论知识而是与行业相关的实践和实习知识。例如，电商与科技、社交媒体关联紧密，因此需要对用户需求、互联网营销更熟悉的人才。

电商平台组织劳动力的方式

传统电商的从业模式

自1999年商业互联网出现之后，基于互联网的交易模式就被创建出来。互联网改变了传统的交易模式，进而影响了产业的分工协同方式。

中国最主要的、传统的电商是以商品交易市场和产业集群为基础的。商品交易市场越发达、产业集群越发达的地区，电子商务发展水平越高。互联网和电商的出现充分激活了县域经济，使地方也能够涌现一个庞大的电商经济系统。

以义乌为例，它是全球最大的小商品集散地，依托国际小商品城强大的资源优势，义乌的电商获得了快速发展。义乌的网络交易组织方式主要有两个子系统，人力、技术、货品都被整合起来。

一是供应子系统。供应系统的主要来源有两种：自己的生产工厂或稳定合作关系的代工厂和义务小商品市场。供应链子系统主要负责货品的生产和集聚，集中了大量生产和制造货品的工人。但供应网络需要有很强的实力，能够跟得上品牌商的营销和运营特征，具有较强的生产能力、质量把控能力和弹性调整的能力。

供应链系统将基层具有弹性生产能力的制造资源聚集到同一个平台上，服务于订单经济。

二是批发子系统，主要分为批发平台和分销平台两类。批发平台上的主要是采购商，而在分销平台上的主要是代理商或加盟商。例如，阿里巴巴就是一个典型的网络批发平台，它向中小网络卖家提供了小额批发服务。而天猫、淘宝就是典型的网络分销平台，各类品牌商、中小网商店铺可以入驻平台销售货品。批发子系统服务于货品的销售，不仅催生了大量网商店主，还产生了大量为提高销售效率而出现的美工设计、运营、模特、营销人员等。由此，电子商务的繁荣也带动了产业链上其他环节就业岗位的出现。①

互联网平台将供需双方连接起来，提高了交易效率，与电子商务相关的配套产业如包装业、物流快递业也因之兴起。围绕着互联网平台，诞生了大量就业岗位，充分调动了地区内的基层人力。

新的电商的从业模式

然而，中国的电商发展面临着由传统电商向内容电商、从中高端市场到下沉市场的双重转型，在新的电商发展模式之下，社会的劳动力和其他资源又如何被组织和调动起来呢？

① 李强治.中国电商基因——交易方式变革、平台架构创新与中国电商经济体的成长［M］.北京：中国财政经济出版社，2009.

直播电商带来新机遇

新冠肺炎疫情的暴发也影响了中国电商行业。一方面，疫情的蔓延使各地复工复产面临一定困难，部分依托于出口的产业和地方线下销售市场的产业受到疫情的较大冲击。另一方面，疫情也推动了"宅经济"的发展，直播电商也借此东风成长起来。据商务部数据，2020 年我国重点监测电商平台累计直播场次超过2400 万场。因此，直播电商成为助推县域经济产业升级的引擎，而产业的发展又带动了就业。

阿里研究院发布的《直播电商区域发展指数研究报告》中描绘的全国直播电商特色地图发现，直播电商发展与当地产业基础密切相关，产业集聚的特点依旧非常突出，这与传统电商类似。如东南沿海省份制造业较发达，直播电商以服饰、鞋类为主。中西部省份的直播电商则以当地特色农副产品为主，如新疆阿克苏苹果、宁夏中宁枸杞等。但直播电商发达的县区，不仅有着扎实的产业基础和电商经验积累，还有丰富的 MCN[①] 资源和完善的直播生态。地方通过资源和政策的扶持帮助主播更快成长，使其能通过直播解决商户的库存销售问题。[②]

---

① Multi-Channel Network，帮助签约的达人 / 网红进行内容持续输出和变现的公司。需要进行网红的筛选、孵化、内容的开发、平台资源对接、商业化合作和变现等。
② 中国市场学会，阿里研究院，淘宝直播 ON MAP. 直播电商区域发展指数研究报告［R］.2021.

2020 年各地直播电商促进政策部分盘点

时间	地区	政策
3 月 24 日	广州市	《广州市直播电商发展行动方案（2020—2022 年）》，提出将广州打造成为直播电商之都，推进实施"个十百千万"工程，包括培育 100 家有影响力的 MCN 机构、孵化 1000 个网红品牌、培训 10000 名带货达人等
4 月 8 日	四川省	《品质川货直播电商网络流量新高地行动计划（2020—2022）》，计划到 2022 年底实现年直播带货销售额 100 亿元，带动产值 1000 亿元等
5 月 8 日	重庆市	《重庆市加快发展直播带货行动计划》，提出将重庆打造成为直播应用之都、创新之城，到 2020 年至少发展 100 家具有影响力的直播电商机构，孵化 1000 个网红品牌，培育 10000 名直播带货达人，力争实现直播电商年交易额突破百亿元等
5 月 22 日	济南市	《大力发展电商经济、打造直播经济总部基地的实施方案》，提出建设"新媒体之都"，将济南打造成直播经济总部基地，培育引进 100 家以上具有影响力的 MCN 机构、10000 名以上直播电商带货网红达人等
6 月 10 日	北京市	《北京市促进新消费引领品质新生活行动方案》，推动实体商业推广直播卖货等新模式，组织老字号依托电商平台开展专场直播、网上促销活动等
6 月 22 日	义乌市	《义乌市加快直播电商发展行动计划》，推进实施"十百千万"工程，3 年内打造 1000 个网红品牌，培养 10000 名带货达人等，力争 2022 年直播电商交易额突破 1000 亿元
8 月 4 日	厦门市	《厦门市直播电商发展行动方案（2020—2022 年）》，提出推动实施直播电商带货"五个一"工程，发展 100 家以上具有影响力的直播电商服务机构，孵化 1000 家以上网红品牌，培育 10000 名以上直播带货主播等，力争实现直播电商年交易额突破百亿元，打造全国直播电商中心城市

续　表

时间	地区	政策
10 月 29 日	杭州市	《关于加快杭州市直播电商经济发展的若干意见》，对于在杭州落地且全网销量 top100 的头部主播，年销售额在 5 亿元以上的，按贡献给予 200 万元以上的奖励；年销售额在 1 亿—5 亿元的，按贡献给予 100 万元以上的奖励
12 月 4 日	上海市	《关于促进本市直播电商创新发展若干措施的通知》，激活直播电商上下游产业链包括直播电商基地、直播平台、MCN 机构、专业服务机构在内的各个市场主体的活力，打造直播电商高地

政府对直播电商的政策扶持和该市场的巨大潜力使资本迅速涌入直播电商市场，集中表现在行业内的投资数量及金额的快速增长。下图呈现了 2015—2021 年中国直播电商投资数量与投资金额，投资数量在 2015—2017 年持续增加，经历回落后又在 2020 年达到顶点；投资金额上则经历了 2016 年和 2020 年的两个高峰。

由图所示，直播电商经历了两个投资小高峰，分别是 2015—2017 年和 2020 年。2015 年，直播由 PC 端开始转向移动端，其间大量创业者涌入，资本也瞄准了这块市场，直播电商正式上线。而后，互联网行业格局经历了从"百花齐放"向规范融合、巨头争霸的转变。资本开始向头部平台聚集，直播电商也在 2016—2017 年经历了爆发式的增长。2020 年，在新冠肺炎疫情的冲击下，实体经济进入停滞期。为摆脱危机，明星、网红、企业老板纷纷进入直播间带货，各大头部互联网平台也陆续上线直播功能，由此直播电商得以全面爆发。

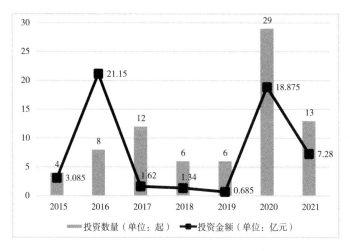

2015—2021 年中国直播电商投资数量与投资金额 [①]

直播电商的万亿市场并不只是依靠政策的扶持建立起来的。在商家层面，布局直播电商业务的平台更加多样化，既包括通过传统电商平台直播卖货，如淘宝、京东、拼多多等，又包括内容创作平台新增电商业务带货，如快手、抖音、小红书等。这些平台原本并非电商平台，但持续的内容生产和输出能力使其也成为直播电商入场争夺的战场，还包括社交平台新增的电商业务，如新浪微博、微信小程序等。在主播的选择方面，主播类型更为多元化，商家自己打造直播团队越来越普遍。头部主播粉丝量大、流量大、带货能力强，但直播成本较高，因此商家开始探索构建自己的直播团队自播。淘宝数据显示：2020 年"618"购物节中，

---

① 数据来源：前瞻产业研究院 . 2021 年中国直播电商行业投融资市场现状分析 投资数量与投资金额快速增长 ［ EB/OL ］. https://www.qianzhan.com/analyst/detail/220/210615-d9961c19.html.

商家自播占天猫直播总场次比例超 90%；淘宝 15 个过亿的直播间中，有 9 个为商家自播直播间。

直播电商以其巨大潜力成为青年劳动者择业的一大选择，原因大体如下。一是电商市场对主播的人才需求大，岗位数量多。二是成为带货主播的门槛较低。带货主播的工作内容类似于导购，不同的是可以在直播间内随时和用户互动。对主播一般没有明确的学历或资格证的要求，但需要年轻、外貌条件较好、性格开朗、对产品熟悉。三是主播的计酬方式是分成制，即在直播间卖出商品后，每件商品可以获得一定的分成，销量越高，他们的收入也就越高。这就刺激了主播以充分的热情在直播间向用户兜售商品，努力提升直播间内的销量以获得更多收入。四是头部主播马太效应显著，这看似对小主播并不友好，却给他们带来了成名的希望。在充满不确定性的互联网中，一切皆有可能，而一旦得到足够的曝光和流量，就可能改变命运，一跃成为高收入的大主播。

下沉市场作为新的增长点

三线城市、区县及农村地区的下沉市场也开始成为电商争夺的主战场。此前，在中国电商领域有着龙头地位的淘宝将其重点放在打造面向中高端市场的天猫商城，这部分市场有着更高的消费能力和附加值。而这也给其他电商留下了中低端市场这一广大空间。新的电商模式如何撬动连淘宝这种巨头都尚未完全攻下的下沉市场？

以拼多多为代表的电商平台探索了一条在社交红利时代的电商新模式。拼多多通过"电商＋社交"的模式，培育了下沉市场的用户，引导其购买低价商品，并通过社交平台的好友分享不断延伸，获取新用户。更重要的是，拼多多更为看重低端消费群体，抓住了被各大电商平台忽视的低端市场，通过"团购＋低价"的模式吸引低端消费群体；通过为用户提供极高性价比的产品和利用社交关系进行商品推荐，引导用户进行非目的性的购物。对于商家而言，入驻淘宝的商家想要获取流量、提升销量，就必须购买高昂的增值服务，这让中小商家难以承担；但当这些中小商户转向流量增长期的拼多多平台时，则不需要支付这类成本，他们只需要提供低价商品从而获得用户的青睐。因此，通过以拼多多为代表的主攻下沉市场的电商平台，新创业或尚未入场的商家看到了希望。它再次吸纳了大量中小商户，使之成为电商平台的"创业者"。

下图呈现了过去 10 年间社交电商的投融资数据。10 年来，新模式、新风口催生了社交电商的诞生和发展。2015—2016 年，社交电商融资数量迅速攀升，但融资金额普遍不高；直至 2018 年，在互联网平台"巨头化"的趋势下，融资金额也达到顶峰，而后融资金额有所回落。尽管目前社交电商已不再是早期的"百花齐放"格局，也早已度过了高速发展期，但其在吸纳创业者、拓展市场、创造就业上依然发挥了无法忽视的重要作用。

2011—2020 年社交电商融资数量与融资金额 ①

以快手、抖音为代表的短视频平台入场电商。以快手为例，它是一个由许多内容生产者进驻的短视频平台，自创立之初就深入下沉市场用户。2017 年，快手开始发展电商业务，取得亮眼成绩。根据快手 2020 全年财报，其电商交易总额达 3812 亿元。在平台上，用户可以通过发布优质内容的短视频吸引流量，通过直播加强与用户的互动，培养用户的高黏性，再通过直播间和关联的快手小店卖货。根据《2020 快手电商生态报告》，快手电商中，下沉市场（三四五线城市）贡献了超七成的订单量，占整体的 73%。② 短视频平台汇集了大量的内容生产者，刷短视频也成了

---

① 数据来源：企查查数据研究院. 近十年我国社交电商投融资报告［EB/OL］. https://new.qq.com/omn/20210817/20210817A06NGY00.html.

② 快手大数据研究院，快手电商. 2020 快手电商生态报告［EB/OL］. https://baijiahao.baidu.com/s?id=1683315468130470464&wfr=spider&for=pc.

人们打发碎片时间的一种娱乐习惯，因此平台拥有了珍贵的流量。由此，快手也催生了专职制作视频脚本的人员、专业的内容生产团队，吸引了传统电商平台的商家入驻。

下沉市场能够作为电商升级新的增长点，从而带动就业的原因，同样在于它以低门槛、高流量吸引了中小商户和内容生产者。对于商家而言，它们可以以短视频平台为一个渠道获取流量吸引潜在消费者。平台的算法还能够将短视频推送给可能感兴趣的用户，通过短视频和直播可以打造更生动的购物场景，甚至建立商家与客户之间的信任关系，从而提升店铺销量。对于劳动者而言，无论是想要自己当老板做生意，还是想将自己的创意、私人生活中的有趣故事进行变现，都可以在这里得到机会，从而实现自我的价值。

全民电商时代的新工作和新青年

新工作

新的电商发展模式也相应带来了新的职业类型，如带货主播、短视频博主、新媒体运营等。对于新生代青年而言，这些工作的时间弹性自由，工作内容有趣，报酬相对可观。通过互联网，他们有了展示自己的平台，而这些拥有珍贵流量的平台又蕴含着"人人可成名"的希望。因此，新工作成了青年一代的一大选择。

互联网的新经济和新工作带来了劳动时间、计酬模式、劳动权益保障等方方面面的变革。首先，工作与休闲模糊化，劳动者的工作时间更长。在工业时代，资本家将生产过程进行拆解和分工，劳动过程受到严格的管理和控制。而如今，尤其是在新的电商模式下，玩和劳动的边界变得更加模糊。如直播间和短视频不再只是个人分享生活的休闲空间，而是可以在这里获得更多关注、接广告和卖货的空间。因此，劳动者的普遍工作时间变得更长，且资本的管控之手退居幕后，变得更加隐蔽。

其次，计酬模式更加多样化。在新的电商模式下，工作的计酬方式不再是按工作时间计酬或单纯按工作任务计酬，而是更加多元。对于拥有大量粉丝和强大带货能力的"达人"而言，他们带来的流量本身就成为商品，粉丝数量直接影响了他们的"身价"。例如，在快手上，短视频博主在经营着自己的账号的同时，还可以通过在视频中植入广告收取广告费用，他们的视频就类似于一个广告展位，流量使这个"展位"变得颇有价值。对于大部分粉丝数量不多或正处于成长期的主播或博主而言，计酬方式多为"销量 + 分成比例"的模式。这种计酬模式让主播能够以更大的热情投入直播过程中，因为这与他们所能获得的报酬直接挂钩。

最后，新工作存在去劳动关系化的趋势，劳动权益维护变得更加困难。由于新职业较为灵活弹性，且工作内容具有较大的自主性，传统劳资两个主体变成了劳动者、平台、商家三重主体，而平台和商家与这些劳动者的关系又趋向于灵活化。由于资本竭力避开稳定的劳动关系，以合作协议代替劳动合同，这就使新工作缺乏完善的劳动权益保障，他们的劳动权益维护也更加困难。

新青年

不可否认，新的电商模式确实带来了新的发展机遇，吸引了青年一代的关注。电商产业的升级使流量成为商品，而参与产业之中的人也不得不为获取流量和关注而努力。产业带动工作，工作又塑造了劳动者。

对于职业卖货主播而言，他们需要拥有较为开朗的性格，能够积极与进入直播间的观众进行互动；为了拉近与观众的距离，提升粉丝黏性，需要有特定的"人设"，并不断加深和丰富"人设"，获得粉丝的信任，从而将观众转化为消费者；直播时需要持续不断向观看的用户推荐和介绍商品，因此要求有较强的语言表达能力和推销能力，能够用打动人心的语言介绍产品，拉动直播间的销量；此外，还需要具备一定的选品能力，能够选择一些既有可能成为爆款，又在质量上过关的产品。

对于短视频平台上的网红博主而言，能够在平台上脱颖而出获得关注同样需要拥有与自己性格相符的能够吸引人关注的"人设"，通过短视频，他们不断丰富和加深这一"人设"，从而吸引粉丝并获取粉丝的信任。由于短视频需要在最短的时间通过视频吸引用户关注，因此需要主播能够根据粉丝的需求持续生产有创意的内容。但拥有粉丝并不意味着就有相应的商业价值，还需要他们具备将粉丝转化为购买者的能力，如也能够通过直播带货等。由于并非所有的博主最初都能拥有一支支持他们进行视频内容生产的专业团队，因此他们还需要能够熟练运用各种新媒体。

互联网和电商思维创造了新职业、塑造了新青年，也改变了人们的生活方式。互联网的发展让电商的从业门槛变得更低，中小网商店铺通过社交方式拓展业务。这些社交渠道既包括熟人社交软件（如微信），通过熟人之间的信任关系销售货品，又包括因相同兴趣爱好将陌生网友连接起来的其他社交平台。电商的社交化使日常生活的分享也充满了整饬的痕迹，并最终指向商业化的目的。

数字劳动：自由、异化与共享

佟　新

当今社会，数字经济通过各类网络平台将资本所有者、生产者、服务者和消费者乃至政府等以相互依赖的方式联系在一起，促成群体间的高效交易，形塑了规模庞大的平台经济，形成了新型的平台劳动模式，并在更深远的意义上影响了人们的生活方式。平台经济的技术基础是电信网络运营商、银行卡组织、计算机系统开发商等提供的技术与应用，在云端汇集了各色人等，其交易构成了人们新型的劳动模式。

数字劳动日益普遍化。以微信平台为例，2020年以来，微信生态以数字化能力催生新职业、新工种、新岗位，衍生出3684万个就业机会，同比增长24.4%。以微信小程序和视频号运营者来说，来自二三线及以下城市的分布比例显著高于一线城市，视频号运营者在三线及以下城市的分布比例达42.1%。微信支付服务商在三线及以下城市的分布比例达50.6%。人们与数字经济的联系在全国的城乡普及，打破了传统的城乡差别。微信小程序个人运营者中，本科以下学历者占47%；微信视频号个人运营者中，本科以下学历占比达到 46.8%。^① 从马克思劳动力"蓄水池"理论出发，"平台型就业"是个取之不尽，用之不竭的劳动力来源，它的弹性化或灵活化动员了一切可以动员的劳动力，小到不足 1 岁的婴幼儿，大到 80 岁的老奶奶都加入直播中。时间上的灵活性动员了人们所有完整的和碎片化的时间。预计到 2025 年，数字经济带动的就业人数将达到 3.79 亿人。^② 在未来三五年内，约有 4 亿的劳动者通过平台经济解决生计问题。平台劳动形式新的劳动关系、劳动伦理、劳动权益等诸多问题亟须得到调研、认识和理论化。

有关数字劳动研究的理论脉络

有关技术替代劳动研究视角认为，技术不断变更对艰苦与危险劳动的替代，同时技术也会选择对难以控制与管理的劳动的替代。刘易斯·芒福德（Lewis Mumford）在《机器的神话——技术与人类发展》一书中指出，技术与人类使用符号和创造发明的本质相关。技术不仅是工具，而且与人类的生命密切相关，是人类身体和智力的延伸，技术的设计和发展服务于人类的生活和劳动。数字劳动的产生是在技术变迁作用下发生的，技术替代劳动是资本主义发展不争的事实。但是，互联网技术的全球发展对劳动者的影响却是多元的。

---

① 中国信通院 . 数字化就业新职业新岗位报告［R］. 2021.
② 黄琼 . 5 年内数字经济有望突破 80 万亿，"平台型就业"不断发展［N］. 第一财经，2020-11-04.

　　乐观的观点认为，信息技术的发展带来知识阶层的崛起，劳动者在工作中将占据核心地位，能够享有工作的自主权。悲观的观点认为，在工业社会，面对资方强大的权力，劳动者可以依赖自身的组织化程度来进行集体抗争与集体谈判。但在大数据时代，资本利用技术将劳动者碎片化，在关系形态上高度依赖平台，平台控制权掌握在资方手中。平台并非是技术发展的必然，而是资本选择的结果，通过对数据技术的控制牢牢地将劳动者捆绑在平台上。技术的开发和其在工作场所中的应用越来越受制于全球资本积累方式的作用。

　　劳动过程理论是认识技术对劳动者影响的重要理论，从"去技术化"到"再技术化"有诸多的理论进展。布雷弗曼的劳动过程理论论证了技术发展过程中，劳动者经历的"去技能化"过程。一方面，概念和执行逐渐分离；另一方面，大机器为剥夺了概念以后的劳动者提供了简化操作步骤，管理和技术互相协调，实现了资本主义工厂中工人劳动技能的退化。[①] 由此劳动者丧失了对劳动的控制权，机器和技术的应用增加了劳动者的可替代性，提高了工作强度。技术成为资本主义生产连续性和稳定性的基础，成为控制劳动者的手段。随着互联网技术在工业和服务业劳动中的应用，资本家为了保证产品生产的竞争优势，只能依赖劳动者的自主能力来应对各种偶然和不确定性的因素，这增加了工作的不确定性。平台劳动呈现出"灵活的资本主义"（flexible capitalism）

---

① 　布雷弗曼.劳动与垄断资本［M］.北京：商务印书馆，1979.

的特点，其突出的市场化、理性和竞争要求劳动力要具有"功能灵活性"和"数量的灵活性"。① 平台工作的弹性、动态和不稳定性成为其工作的本质特征。工作的不确定性将劳动力分化为技术精英与非技术精英，这种分化直接导致了广大劳动者依赖于技术控制。

项飚对印度 IT 工人的全球流动研究表明，全球资本市场的"猎身"或全球代工体系使信息技术的劳动者处于被动和窘困的地位。② 梁萌对互联网行业的工作研究表明，在公司层面发生精英与普通的区分，由此形成了信息技术的劳动者的"过程性甘愿""关系型甘愿"和"结构性甘愿"三种劳动关系。③

有学者提出算法监控的概念，认为算法标志着管理功能的自动化和理性化，算法扮演全部或部分的管理者角色。算法涉及一系列以应用程序为基础，旨在为人类管理者提供信息并形成决策的工具，它与人力资源算法等其他术语同义。算法允许使用大数据分析技术对软件工具进行升级，以执行之前只能由人工完成的任务。算法监控劳动引发了一系列社会问题，包括：监控范围和监控规模的扩大、劳动者工作压力的增加、社会不平等的加剧等。一方面，资方所承担的企业责任变得模糊不清；另一方面，劳动者陷入被剥夺和不稳定的困境中。这些成为最先进的泰勒制科学管理的最佳手段。④

---

① Sennett, R. The Corrosion of Character: The Personal Consequences of Work in the New Capitalism. London: W.W. Norton, 1998.

② 项飚. 全球"猎身"［M］. 北京：北京大学出版社，2012.

③ 梁萌. 互联网领域中的知识工人［J］. 学术探索，2014（3）:111-115.

④ 罗毕·瓦林，邓肯·麦肯. 数字经济中的权力和责任：数据、算法与劳动监控［J］. 姚建华，路珏，覃琳嫣译. 国外社会科学前沿，2021（9）: 77-84.

美国社会学家史蒂文·瓦拉斯（Steven Vallas）和朱丽叶·修尔（Juliet Schor）认为，数字技术和 ICTs 的算法对劳动者，特别是对平台劳动者进行了全面控制，由此形成了一个密不透风的数字牢笼（the digital cage），这比韦伯技术的科层制牢笼更令人生畏。[①]

一种将消费者纳入劳动关系的视角认为，消费者的评分系统其实质是一种声誉信任体制，是数字经济时代一种新型的监控手段。通过消费者的体验评分，资本将对劳动者的监控权利转化为消费者对劳动者的直接监督。这种转化意味着资本对劳动者的控制超越了流水线生产中资本对劳动者在时间和动作层面的控制，而深入控制劳动者自身服务态度与情感表达的层面。[②]

总之，对平台经济或零工经济中展示的变化的多元性和灵活性，大家看法莫衷一是[③]，对社会学想象力亦提出挑战。

平台劳动的商品化与生活方式的异化

平台组织与控制劳动的方式变革从根本意义上改变了工业社会的劳资关系模式，形成了以纯劳动为特征的、无所不在的劳动

---

① Steven Vallas and Juliet Schor. What Do Platforms Do? Understanding the Gig Economy. Annual Review of Sociology. vol. 46, no. 1, 2020, pp. 273–294.

② 徐景一，李昕阳.共享经济背景下平台企业利益关系演变研究［J］.经济纵横，2019（6）.

③ 杨滨伊，孟泉.多样选择与灵活的两面性：零工经济研究中的争论与悖论［J］.中国人力资源开发，2020（3）.

力商品化。那么，社会是否能够有力量约束市场过度扩张和劳动力商品化的过程呢？

本文希望结合马克思的异化劳动理论和波兰尼的商品化与嵌入—社会联结的理论认识中国平台劳动的经验，以期发现平台劳动的实践逻辑和未来的多种出路。平台经济中潜藏着两种趋势：一方面，资本主义通过商品化过程将资本、劳动和消费从已有的社会层面的法律、规范和文化约束中解脱出来，资本更为隐形，劳动者和消费者越来越显出商品化特性；另一方面，社会更为坚固地维护着家庭、亲属关系和类家庭的社会网络。这些都将深远地影响到劳动世界的人类生存与伦理。

自由的纯劳动：平台经济中劳动关系的"脱嵌"与"再嵌入"

在我国，平台经济的灵活性更深入地与人们日常生活相关联，体现出更加明显的劳动的商品化。2021年临近春节时，为了赶一份调查报告，我需要录入2000份调查问卷。虽然大多数问卷调查都通过"问卷星"实现了线上填写，原本简单重复的数据录入工作如今已接近消失了。但我的调查对象是欠发达地区的中小学生，他们在学校不能使用手机，不得不回到填写纸质问卷的时代，这便需要手动录入数据。因时间要求急，希望能够在两天内完成录入工作。怎么办呢？"有事找淘宝！"不到两个小时，便收到了数个回应。最后确定了三个人，当天用闪送（提供同城速递服务的App）寄出问卷，第二天就完成了全部的录入工作，支付劳务费共计4000元。付劳务费时，需要提供劳动者的姓名、身份证号、银

行账号、开户银行地址和手机号，这些信息透露出 6 个人的基本
身份，似是一家男女老少。这次经历让我对网络兼职及人们的劳
动有了新认识，一方面，它缺少了传统的劳动组织和监督，平台
通过商品化过程将劳动力从社会层面的法律、规范和文化约束中
解脱出来，进行了纯粹的商品化交换；另一方面，在劳动力借给
上，它几乎是无限的，人们可以迅速地动员全家劳动力的加入，
社会网络依然是动员劳动力的坚实基础。平台劳动一方面与社会
中的法律规则"脱嵌"，另一方面高度依赖已有的社会网络的"嵌
入"。平台劳动有以下几方面特征：

一是，平台经济中的劳动具有过度灵活性和不确定性。工业
社会中以契约为基础的相对稳定和长期的雇佣关系与生产体系向
平台经济的临时性劳动关系转变。工业社会是一人一生只做一份
工作，转型社会是一人一生做 4—6 份工作，平台经济时代是一人
同时做 4—6 份工作。有研究表明，平台劳动在美国已经占到 40%
以上；它既包括相对底层的送外卖员工，也日益成为中产阶级的
生活来源，低技能工人和有一技之长的白领人士皆在平台空间生
存。① 工作的弹性是由数字经济的特点决定的。高度发达的科技实
现了人与物、生产与消费的准确对接。人们需求的弹性决定了满
足需求的方式和劳动的灵活性。

二是，平台经济下劳动的商品化具有"纯劳动"的特点。与
传统大工业社会的劳动相比，平台经济的灵活性决定了劳动关系

---

① 黛安娜·马尔卡希. 零工经济：推动社会变革的引擎［M］. 北京：中信出
版社，2017.

的临时性，它抽离了人们的社会关系，是一种"脱嵌"的纯粹劳动交换，即"纯劳动"。在契约型劳动关系中，劳动者的工资、工时和工作强度、职业发展以及社会保障等都是确定的。而平台提供的同城快递员、外卖骑手、网约车司机、微商等各类工作则是"纯市场"上"纯劳动"的商品交易，它们不涉及劳动者的社会保障和劳动安全，也不会考虑劳动力的家庭再生产。"纯劳动"不仅是对劳动产品或服务的计价，更是对"劳动力本身"的计价，是原始的、纯粹的劳动力的商品化。在一个高度发达的全球互联网时代，在新技术、新智能、新算法的遮蔽下，资本积累呈现出原始模式——"非正式的薪资劳动"。资本，特别是金融资本，借助数字平台实现了最快的供求匹配、最小化交易成本和最大化利润。在人口再生产的需求下，平台经济中的纯劳动具有过度劳动和自我剥削的特点。在平台体系中，劳动与服务被层层分解，被技术变成可计算的劳动，简单的计件工资使过度劳动成为常态。

三是，平台通过数字化实现了消费者对劳动过程的控制与监管，其劳动的监管权和监管模式更加日常化。以上述问卷数据录入为例，一方面，买方收到数据后可以对其录入的质量进行挑剔，如果不能满足质量需求，用户就可以不付或少付劳务费。劳动者的权益难以得到保护。平台将劳动的监管权交付给了消费者。种种一站式众包服务平台呈现出各种各样的劳动纠纷，被消费者监控下的劳动者，可能会因为一个外卖用户的差评而拿不到一单外卖的费用，甚至还会出现被罚的状况，种种问题引发的社会极端事件并不少见。消费者会因为信赖产品宣传而对实际产品感到失望，心生怨恨。平台在消费者与劳动者之间取消了中间调节层，劳动者与消费/需求方之间形成了面对面的博弈。由买方市场赋予了消费者绝对权力。平台的算法——即时性和快捷性的承诺，使点击到达率、成交率和好评率等一系列的评价机制，成为消费者在劳动过程中控制劳动者的利器，形成"去劳动关系"的"数字化消费者控制"。消费者成为实行监督的主体，且是无时无刻的监管。劳动者从劳动产品中的社会关系中"脱嵌"。在与社会关系"脱嵌"的非人化的劳动监管模式中，消费者的德行与良心具有不确定性。在平台搭建起的虚拟大卖场中，嵌入社会关系的劳动过程和劳动控制具有非人格化、抽象化、以算法为手段、效率优先的特性。

四是，平台经济创生的由消费者来监管的劳动纪律，对劳动者而言，从外部监督转向更为严格的自律和自我督促。从淘宝小店到天猫大场再到直播带货，平台的花样翻新迫使劳动者自觉转型。以兼营直播、电商、广告三大业务的快手为例，2018 年快手电商只有不到 1 亿元的成交额，2019 年自建快手小店的成交额达 596 亿元，2020 年则迅速飞升至 3812 亿元，平均复购率达到 65%。[①] 在快手平台，为了成功地吸引消费者，卖家们的"自我剥削"成为常态，在"为粉丝负责"的口号下，他们无意识地接受了新自由主义的理性、效率、竞争等理念。他们光鲜的一面是粉

---

① 齐鲁晚报网.快手电商 2020 年 GMV 达到 3812 亿，平均复购率达到 65%[EB/OL].https://baijiahao.baidu.com/s?id=1695176458531593905&wfr=spider&for=pc.

丝上千万，无奈的一面是稍有几天喘息就会立刻"掉粉"。在速食文化下，消费者没有耐心与忠诚，主播们需要以团队或全家之力，用更加勤奋的工作态度提高消费者黏性，创造和增强消费者对主播、生产者或者商家的信任。

五是，平台构筑了"数宁化生产组织网络"的劳动分工与合作模式，它按照劳动过程的可分割性及其带来的工作机会，形成了"数字化外包/众包网络体系"。在平台上"找到一份好工作"常常嵌入劳动者的社会网络中，当劳动关系"脱嵌"时，传统的老乡、同学、亲属等熟人社会关系成为劳动者建立社会支持的主要形式。

平台依赖——从劳动异化到日常生活的异化

平台经济快速发展的动力依然是资本逻辑，即运用平台将一切——服务、文化、知识、情感等——变现的能力。这种变现能力是将生活中的一切变成商品的内在力量，只有商品化才能产生无所不在的剩余价值。一方面是不断被刺激起来的需求，另一方面是需求被迅速商品化而得到的满足，其结果是人们对平台的依赖乃至过度依赖。各个互联网平台成为人们日常生活的重要部分，人们在第一时间进入平台寻找自己刚刚萌芽的需求，并立即能够找到满足的办法。其实人们很难分辨哪些是自己的关注，哪些是自己的需求，哪些是平台的推荐。平台的种种"偷听"行为能准确地将人们的内在欲望、关怀和好奇变成现实需求。在大数据的帮助下，平台中的每个人都有个"数字化的自我"，它甚至比现实中的自己更了解"我的需求"。人们对生产、学习和情感满足的高效率需求的日常化加剧了平台依赖，而这种依赖可能意味着一种新型异化。

一是，生计压力使劳动者对平台具有强依赖。美团平台的骑手们为人们食欲的快速满足提供了可能。据美团发布的报告显示，2020 年上半年，通过美团获得收入的骑手总数达 295.2 万人，同比增长 16.4%；来自国家建档立卡贫困户的新增骑手近 8 万人，其中有近五成骑手每月可获得 4000 元以上收入。① 目前，大约有 2 亿劳动力依赖平台维持生计，这些劳动力在制度形态上是原子化的，缺少组织化的工作关系或正规劳动合同；同时他们能动地建立起以传统社会网络为基础的社会联系。

二是，无所不在的商品化加强了消费者的平台依赖。人们逐渐习惯了在平台购买一切：从生活日用品、高档消费品到情感与精神食粮。值得关注的是，各种有关情感、知识和心理的平台与日俱增，除去日常消费，人们对平台的黏性越来越体现在情感与精神层面。虚拟恋人与各种直播既表达着人们情感孤独的一面，也揭示了情感商品化的蔓延。例如，网络"红娘"和"月老"作为新职业，要想获得持续的收入，就得依赖供需双方的有效在线时间。以伊对 App 为例，它成立于 2018 年，目前每月撮合近千万场线上相亲，提供了近 5 万个就业机会。网络"红娘"和"月老"只需要一部手机就可以在家赚钱。伊对 App 对"红娘"和"月老"

---

① 央广网 . 美团上半年有收入骑手近 300 万 超五成骑手月收入超 4000 元 [EB/OL].https://baijiahao.baidu.com/s?id=1672459855575494914&wfr=spider&for=pc.

有严格的初选复审和专业技术培训，获得资质才能上岗；兼职和全职皆可，但每个月要完成一定的考核任务，接受伊对平台的审查。"红娘"和"月老"的收入来源是平台分成，根据在线撮合的人数按时和按次提成。在线平台的互动是嘉宾（需求方，找对象的人）以玫瑰花为礼物的示好行为，充42枝玫瑰价格为6元，充210枝玫瑰价格为30元，平均一枝玫瑰的价格约为0.143元。在直播间，嘉宾申请视频相亲（上麦）一次需要消耗20枝玫瑰花（约2.86元）。在不考虑小费的情况下，"红娘"和"月老"手中拥有的客户直接影响其收入，收入每天为100—300元。类似的平台还有小红绳、直播相亲、相亲宝、映客等，这些平台为牵线的"红娘"和"月老"提供了收入，鼓励可持续的在线活动，更为各类"嘉宾"提供了社交网络的渠道和闲暇娱乐活动；但这也可能带来了更多的情感与自我的焦虑。通过礼物增加亲密度的直播显示了直播与嘉宾间的商品化和性别化关系，甚至被称为"暧昧经济"。[①] 平台同时完成了制造消费和满足消费的过程，成功地黏住了各类利益相关者。

三是，各类平台涌现的日益丰富的"知识付费"内容，为广大专业人士提供了将知识变现的机会，加速社会进入知识爆炸和娱乐爆炸的时代。通过对身边10个人的随机访谈，我发现，一年中大家皆有为自己或为孩子的网上学习付费的经验，最高的花费6000元，最低的也有9.9元。网络平台上的知识付费迎合了当

---

① 董晨宇，丁依然，叶蓁.制造亲密：中国网络秀场直播中的商品化关系及其不稳定性［J］.福建师范大学学报（哲学社会科学版），2021（3）.

代人对求知的渴望，拓展了人们便捷化求知的渠道，知识终于拥有了重要的商业价值。但这也形成了知识的碎片化和即时性状态。平台还为各类"寻找自我"的心灵需求提供了机会，各种心理知识的测试与学习充斥网络。可以说，在数字社会，私人生活被固化在平台上，人们不知不觉地从商业角度看待自己的生活。

马克思把劳动异化的本质指向私有制，对劳动的私人占有产生了异化劳动，由此揭示了私有制和资本主义生产方式对人性的反动和资本主义不断推动的对人的商品化。20 世纪 60 年代，资本主义大规模的物质生产促使劳动异化理论向批判社会学发展。资本主义的全球化、消费主义化和智能化推动异化理论迈向对生活世界的反思与批判。伴随着生产方式的转型，异化劳动研究从对工作的客体化经验的测量转向对工作意义、工作满意度、工作投入和组织承诺的研究，并在 21 世纪转向对经济发展模式和消费主义产生的新型异化的批判。

异化劳动表现在四个方面：一是劳动产品与劳动者相异化；二是劳动活动与劳动者相异化，在劳动活动中劳动者受到强制；三是劳动条件与劳动者相异化；四是生产目的与劳动者相异化。异化劳动限制了人类自由及本性的发展。[①] 人在欲望的推动下成为平台经济的依赖者（或称为"i 奴"），这种异化波及劳动者、消费者和资本所有者。金融资本通过对技术的控制与使用，使附着在平台上的所有人身陷其中，无法自拔，商品化和市场化已实现了

---

① 马克思 . 1844 年经济学哲学手稿［M］. 北京：人民出版社，2014.

对日常生活的全面殖民。人们乐此不疲地深陷在数字经济中，以理性的经济人模式进行竞争，看似获得了可掌控生活的自主性，其实是一种双重商品化：使用者本身是一种商品，使用者所生产的信息也是一种商品。工业社会劳动异化的直接结果之一是劳动者与资本家之间矛盾关系的激化。而在数字社会，平台遮蔽了数字劳动者与资本家之间的矛盾，庞大的金融资本用消费与欲望缓解了劳资冲突，以"买"的主体性加剧人们对平台的依赖。

四是，平台这只"看不见的手"改变了劳动分层体系和生产消费关系。平台将部分劳动转移给了消费者，这导致劳动过程中情感与知识的投入程度成为劳动力分层的重要内容。可能很少有人意识到我们与饭店服务员的关系正日益疏远，因为消费者已经不用和服务员交流，通过手机就可以点餐和付款。消费者看似获得了点餐的主动权，实际上却成为"免费劳动者"，承担了传统上由服务员负责的劳动。人们在浏览网页、聊天、打游戏、写评论、点餐、结账的同时，为平台提供了免费劳动，消费活动成为生产性活动，被无偿占有，助力资本积累过程。在平台经济中，在劳动过程中产生剩余价值生产的传统逻辑被技术与算法严密地包裹起来而不可见。金融资本推动平台经济通过垄断、技术和算法的作用，改变了产品和消费者的关系，并从工业品生产迈向在知识、文化和情感服务中创造货币价值。在这一变化背景下，数字劳动中知识和情感的"含金量"决定劳动力的价格，劳动者投入情感和消费者收获满足的程度可能会成为区分低端与高端劳动力市场的新标准。

建立弹性劳动的稳定性机制是当务之急

我们如果希望平台能够更好地实现劳动者生计和社会联结，如下两方面工作是当务之急：

第一，充分发挥数字技术赋予劳动者有关劳动保护和劳动监管的新能力。目前，技术完全可以对滴滴司机和卡车司机的工时进行监督保护，严格要求司机按时休息，这既有益于保护消费者权益，也有益于保护劳动者权益。其中，重要的是对各劳动场域的"自愿加班"提供政策监管，在减少其劳动收益的情况下保障劳动者的休息权。技术的应用需要做伦理评估，技术要更多和更好地应用于劳动保护和劳动安全。劳动监察部门应提升与平台经济相符合的技术能力和想象力。

第二，完善数字劳动的相关立法工作，特别是在工时、工伤、劳动保护、休息休假、解雇、集体协商、社会补偿和社会保险等方面提供法律的制度支持，建立起对平台用工劳动者的保护。对欧美各国劳动法律规制的比较研究发现，数字平台有利用立法的漏洞和模糊性免除其对平台劳动者所应承担的社会责任的潜能，如果其采取规避手段绕过劳动领域的法律规范以提高其盈利的话，是因为有法律的漏洞可以钻。[①]我国的《劳动合同法》中关于劳动合同的约定——"劳动用人单位与劳动者"的契约的说法应当重新讨论，因为诸多的劳动关系并不是发生在劳动者与"用人单位"

① 伊莎贝尔·道格林，克里斯多夫·德格里斯，菲利普·波.平台经济与劳动立法国际趋势［M］.涂伟译，中国工人出版社，2020.

之间，各类家政工、工会组织、外包劳动皆不适用《劳动合同法》，平台经济中有劳动无"劳动关系"的现象广泛存在，各种与劳动相关的法律法规远远跟不上平台经济的发展需求。

在人工智能不断替代人类劳动的背景下，数字社会的人们赖以生存的工作方式会走向哪里？公民的劳动权与社会保障权又如何实现呢？目前，一种"全民基本收入"实验正在一些国家进行，这为劳动者的社会保障提供了一种新思路，被称为"天堂的政治"。①这一实践主张国家应每月向每个公民/劳动者发放基本工资，其重要意义在于为不稳定的无产者建构职业公民身份。面对不同阶层在经济安全问题上的巨大差异及社会不平等现象，国家应当保障每个劳动者能获得最基本的生存来源，让每个劳动者都过上有尊严的生活，以弥补灵活工作无法实现的社会保障。这并非乌托邦，芬兰、瑞典等国已经开始进行实验，有研究表明，实行这一制度的开支并不比已有的福利国家的社会保障开支多出多少，此举措却能在数字经济时代让劳动者激发出创新热情，为劳动者树立劳动尊严。这种具有共产主义雏形的理念和制度打破了工作、创造和休闲的边界，成为互联网时代重建社会保护运动的重要思想基础。

---

① 盖伊·斯坦丁.不稳定的无产者：从失权者到公民［J］.载姚建华、苏熠慧编.回归劳动：全球经济中不稳定的劳工［M］.北京：社会科学文献出版社，2019：40-49.

共享的理念借助技术的自主性悄然而生

对新生代"互联网原住民"的研究发现，他们并没有反抗平台劳动和数字生活的灵活性，反倒全盘接纳和适应了这种灵活性，商品化和纯劳动已然成为他们生活中的一部分。

面对平台对人们生活的全面且深刻的影响，悲观的"时间替代假说"认为，互联网发展"侵占"公民原有的政治生活空间，不利于公共精神的培育；乐观的"公民赋权假说"认为，互联网提升了个体获取信息和分享交流观点的能力，有助于逐渐形成新的公民权。乐观地看，在平台制造劳动和产生劳动异化的过程中，也蕴含着打破私有制的力量。平台倡导的各种"共享"理念，其动力既有商品化的逻辑，亦有全民共担与共享的理念。当技术打破了时间和空间对劳动的限制，快速解放生产力，人们对工时和工作内容的把控亦具有了自主性和一定的自由性。大众的深度参与和各类用户有机会成为平台的受益者与创作者的经验，有可能使共担、共赢与共享的理念得以普及。在平台经济将劳动者变成一座座孤岛的同时，无限的互联网／平台也为人们提供了新的社会联结方式。

在互联网世界，人们从面对面的社会交往转向跨时间、跨地域、跨人际边界的数字化社会联系。人是社会性动物，具有共同体意识和建立社会共同体的能力。网络平台重新组合了人们的社交环境和社会网络，模糊了私人领域和公共领域的分界线，因此也改变了人们有关社会联结／团结的观念与行为。在商品化的平台上有各种支持小组：单亲妈妈支持小组、失独家庭的在线倾诉小组。平台扩张的动力是通过"引流"增加广告效应，共同体间的相互交流正可以带来"流量"。各类病友们在平台社群中迅速地找到同类，他们非常乐于提供各种医疗信息和情感支持。

从快手小店来看，大量的定时视频互动／直播是私人性质的"情感流量"，粉丝（潜在顾客）与主播之间的情感交流使陌生人之间因志趣定时在线。快手用"选择群聊"、自我表述中的"标签"以及"同城""同校"等选项，有意无意地促进网络社群的创建。大量沉默的人在平台找到了拥有同命运和同爱好的群体，结成网络上相互关心和支持的"看不见的共同体"。快手的网络治理有效地减少了各种不文明的言论，主播的人品和他们传播的价值在与粉丝的互动中产生了温度、感情甚至是泪水。粉丝的真情流露亦能给主播带来成就感，粉丝的礼物和购买行为既是物质利益，也是信任。正向的情感联结的社会支持意义具有广泛的社会正功能。工业化时代，消费者的信任建立在国家质检认证上。平台经济时代，消费者对电商的信任建立在五星好评之上。直播电商时代，消费者的信任则建立在对主播的能力和价值观的认可上，主播与粉丝之间形成互惠的社会关系。我关注了一个四线城市的两娃全职妈妈，她在生育二孩后选择回归家庭，在直播中她展示的是与婆婆、丈夫的相互支持，每餐认真做的饭菜和快乐的生活态度，这些为她吸引了 17 万粉丝，大家常常为她的美食点赞。快手小店建构了新的社会信任下的商业服务，这样的信任能超越虚拟的空间，形成现实中的互惠互助。

生活中的各种社会共同体有不同利益和需求。博士生写论文、本科生考试学习的过程是枯燥乏味的，但同步学习平台的出现让学生们在平台上相互陪伴，"一起学习，一起写论文"。这种社会联结是虚拟的，但在心理层面却真实地起到了建构社会共同体的作用。在各类知识和资讯平台上，各类有关骑手劳动保障权益的文章得到了大量网友的支持与评议，这些声音正是公民赋权的一部分。人们的生活进入数字化时代后，数字化技术提供了重建社会联结 / 团结的新工具。当个体化、原子化、碎片化的劳动者难以组建工会实现群体诉求时，共同利益可借助数字技术形成新的"数字团结"。

以开源软件（open source）为例，它是指自由开放源代码的平台操作。2021 年，中国信息通讯研究院的《开源生态白皮书》表明，全球开源项目规模超 2 亿，我国爆发式增长——GitHub 平台上有 5600 万贡献者，预计到 2025 年平台上的贡献者将超过 1 亿。全球各行业开源应用均占据较高比例，开源软件在各行各业的应用逐渐加深，开源软件成为各行业信息系统里的重要组成。开源软件极大地激发了技术创新的能力，其公开和透明的方式使参与者能够获得信息。这种建立在参与者信任基础上的"共享精神"为未来社会的发展提供了美好的想象。伊本·莫格伦（Eben Moglen）作为开源软件或自由软件运动的创造者之一，在 2003 年发表《数字共产主义宣言》（The dotCommunist Manifesto），为未来社会的共产主义想象打开了新的空间。由技术精英开创的技术共享平台是否能够打破以私有制为基础的资本主义发展的魔咒？是否能够带来全球更紧密的联系，而不是更无底线的商品化？至今是个未知数，但是它为人类发展提供了乐观些的想象。

图书在版编目（CIP）数据

数字劳动：自由与牢笼 / 佟新主编 . —北京：中国工人出版社，2022.6
ISBN 978-7-5008-7925-1

Ⅰ.①数… Ⅱ.①佟… Ⅲ.①劳动关系－研究－中国 Ⅳ.①F249.26

中国版本图书馆CIP数据核字（2022）第080760号

数字劳动：自由与牢笼

出 版 人	董　宽
责任编辑	黄冰凌
责任校对	张　彦
责任印制	栾征宇
出版发行	中国工人出版社
地　　址	北京市东城区鼓楼外大街45号　邮编：100120
网　　址	http://www.wp-china.com
电　　话	（010）62005043（总编室）
	（010）62005039（印制管理中心）
	（010）62382916（工会与劳动关系分社）
发行热线	（010）82029051　62383056
经　　销	各地书店
印　　刷	宝蕾元仁浩（天津）印刷有限公司
开　　本	880毫米×1230毫米　1/32
印　　张	9.375
字　　数	250千字
版　　次	2022年7月第1版　2022年7月第1次印刷
定　　价	58.00元